Tres desitjos abans de morir

Espartac Peran

TRES DESITJOS ABANS DE MORIR

De la mort, el dol i la vida

La Campana

Primera edició: setembre del 2022
Quarta reimpressió: desembre del 2022

Printed in Spain – Imprès a Espanya

ISBN: 978-84-18226-73-1
Dipòsit legal: B-11.751-2022

Compost a Comptex & Ass., SL

Imprès a Romanyà Valls, S.A.
Capellades (Barcelona)

CA 2 6 7 3 1

Nus a la gespa,
farem l'amor.
Nus sota terra,
farem la mort.

El Petit de Cal Eril,
«Vol i dol»

A casa, la mort i el dol van seure amb tots a taula. Vaig créixer al costat d'uns pares marcats per la mort del seu primer fill. Era el meu germà gran. No el vaig conèixer, no vam coincidir en el temps, però és com si el conegués de tota la vida.

La mort ens ha ocupat molts moments i pensaments.
No esquivar-la ens ha fet aferrar amb força a la vida.

I

Absències, la força del record

La galleda

Era ben petit i, mentre els meus amics del barri carregaven la galleda, la pala i el rasclet per anar al parc o a la platja, a mi em tocava agafar la galleda i les flors per anar al cementiri amb el meu pare. I això, cada cap de setmana.

Recordo molt bé el camí de nínxols que ens portava fins al 301, el nostre. Amb el temps em vaig anar familiaritzant amb gairebé totes les persones que hi havia allà enterrades. Mirant les fotografies que sovint acompanyaven els noms, jugava a imaginar-me la seva vida.

El camí fins al 301 era un passadís silenciós i llarg, molt llarg, amb nínxols a banda i banda. Per mi, que tot just aixecava tres pams de terra, era com passar per un congost altíssim. Les parets eren un mosaic de quadrats hermètics que amagaven a dins tot un misteri. Jo només em fixava, és clar, en els que quedaven ran de terra, a l'altura dels meus ulls. La meva menudesa no abastava tota aquella mort concentrada en una mena de rusc imponent i funest.

Per la banda dreta del passadís ens rebia la família Pons Vendrell. Una fotografia de color sèpia amb les vores cargolades. Eren set; crec que era una família sencera. Sempre em preguntava com s'ho havien fet per encabir tantes persones dins un nínxol tan petit. Una família ben avinguda, a la força.

Tot seguit tocava a l'Amparo Ramos, una senyora molt trempada i riallera. Darrere el vidre hi havia un marc amb una imatge d'ella asseguda majestuosament en una cadira, com si fos una reina. Era, clarament, una imatge d'estudi fotogràfic. Tenia les cames ben juntes i una mà damunt de l'altra. El cos estava lleugerament girat cap a l'objectiu per afavorir el retrat. Era tota ella corpulenta i tenia una cara ben rodona. Somreia. Una dona amable; em queia molt bé. M'hauria agradat conèixer-la ben viva, l'Amparo.

Després passàvem per davant dels Pujol Gallifa. Allò era una altra cosa. Segur que eren rics, molt rics. Aquella tomba era una preciositat. Sempre amb flors fresques, un marbre ben polit i dues fotografies curosament col·locades al centre. Eren una parella molt ben vestida i ella anava carregada de joies: collarets, unes arracades grosses i rodones i una polsera a cada braç.

S'acostava el nostre nínxol. Només ens faltava superar-ne dos dels que em cridaven l'atenció especialment. El d'en Pere Famadas Rodés tenia un marbre fosc i la foto torta, com si l'hi haguessin enganxat de mala gana. Era molt petita, com de carnet d'identitat. En Pere em feia por, feia cara de geniüt. Sempre procurava caminar ràpid, quan passava per davant seu. I, quan ja era un tros lluny, encara em girava per comprovar que tot estava a lloc; en Pere, també.

L'últim del recorregut era en Josep, i aquest em queia bé. El nínxol estava arran de terra. Sempre brut. Costava llegir-li les lletres del nom, perquè quan plovia amb ganes les gotes picaven fort a terra i el nínxol quedava esquitxat de fang. Jo tenia el costum de fregar-lo amb la mà mentre fèiem el passadís i el pare em renyava. Es veu que, els morts, cadascú es neteja els seus. Però és que era l'única manera de veure-li el nom: Josep Puig i Cadafalch. Sí, sí, per mi un mort més, en aquell moment. Quina ironia: les seves obres són de les més admirades i fotografiades del país. A Mataró en fem bandera. És un dels nostres mataronins il·lustres, un dels grans del modernisme. En canvi, aquí, al cementiri, el podríem posar a la llista dels més oblidats. Al seu nínxol no hi ha ni color ni ferro forjat per cap banda, només esquitxos de fang.

I ja hi som: el nostre. A la part superior hi té una rajoleta blanca i el número 301 gravat i pintat de color negre. Enganxat al marbre hi ha un colom blanc, preciós, de porcellana, que amb els anys ha perdut lluentor. Just a sota hi ha una inscripció amb lletra de pal, «Sempre estaràs al nostre cor», i els clavells que hi vam deixar l'última vegada. Eliseu Peran Masafrets. Nou anys. Jo començo a jugar. Faig pastetes i pilons de sorra i amb la pala omplo la galleda. El pare, mentrestant, comença a fer net el nínxol.

Propòsits

Per si no n'hi havia prou amb el meu germà, els meus pares van morir-se de cop i volta quan ells i jo érem massa joves. Al pare li va fallar el cor. Quatre mesos després va morir la mare, estic convençut que de pena. Això em va sacsejar l'ànima, que ja havia nascut condicionada per la mort, i per tot plegat sempre m'ha acompanyat el desig de parlar de la mort sense més pretensió que la de compartir-la. Els meus morts no són més importants que els vostres. Ho tinc clar.

He trigat anys a poder posar sobre el paper el que m'ha tocat viure i sentir. Vull pensar que, si ara ho puc fer, és perquè el dolor ja ha tirat més o menys avall.

Quan algú explica una mort, l'interlocutor, el que en teoria escolta, ràpidament salta i explica els seus morts, que sempre en són més i més tràgics. Costa que surti la mort, en un dinar o en un sopar, però quan passa sol ser l'inici de la pugna del «i jo més». Si algú explica que se li van morir els pares de càncer, l'altre salta per dir que els seus van morir en un accident de cotxe. Hi ha morts més importants que altres? Sí, és clar. Per a cadascú, les seves.

La mort dels germans o dels pares. Com pesen les morts dels de casa! Potser estaríem més preparats per al sotrac si abans n'haguéssim parlat sense por. Ens hem d'esforçar a parlar de la mort amb més naturalitat, perquè, encara que no ens ho sembli, la mort és inevitable i, per tant, natural. Si ja sabem que arribarà, doncs va, afrontem-la.

Permeteu-me que us parli de la mort, doncs. La mort del meu germà no va ser un cop dolorós per a mi. Ja he dit que quan ell va morir d'un accident ben absurd, jo no havia nascut. La seva mort ha estat una ombra, una presència constant a casa, un dolor somort dels pares que es materialitzava sobretot en aquell ritual d'anar al cementiri. Així vaig créixer jo. Amb la mort com a companya.

A vegades penso, però, que totes aquestes morts, a més d'un drama, han estat també una bona manera de fer-me estimar la vida. En realitat, totes dues coses són compatibles.

A casa, el fill que van perdre els pares ocupava més espai que els que seguíem respirant. He viscut tota la vida vora l'absència. Això em va permetre crear-me tot un univers mentre, literalment, jugava al costat del nínxol del meu germà Eliseu. Ara que ja soc una mica gran, em pregunto si tot allò m'ha servit d'alguna cosa. I la veritat és que l'única certesa que tinc és que forma part de mi, i que la mort, de tant en tant, cal mirar-la de cara, no fos cas que quan aparegui per primera vegada ens enxampi a traïció. Hi he donat moltes voltes: una criatura ha de néixer amb la mort a casa? Encara ara no en sé la resposta. Quan vaig arribar al món ella ja feia anys que s'havia apropiat de la nostra.

A casa, les coses van anar així

Els meus pares, la Walkiria i en Diego, van comprar-se amb molt esforç una caseta al barri de Peramàs, als afores de Mataró. Feia anys que estaven junts. Fins aleshores havien viscut amb els pares de la meva mare, en Llorenç i la Maria, i la casa pròpia era la gran il·lusió seva i dels seus dos fills, l'Eliseu i en Daniel.

A la llibreta d'estalvis conjunta ja hi havia prou diners per a l'entrada. No havia estat fàcil arribar fins aquí. La mare havia començat a treballar als dotze anys al mercat més gran de Mataró, a la plaça de Cuba, inaugurada l'abril del 1936. Els pares de la meva mare portaven el Cafè de Mar de la Unió de Cooperadors i coneixien molta gent del mercat. En pocs dies li van trobar una feina a la filla, que es va guanyar el primer sou fent de camàlic en una cansaladeria important de la plaça. Havia de traginar cistells plens de vianda del magatzem a la botiga. Com que era forta i emprenedora, de seguida li van venir ganes d'obrir el seu propi negoci. Al mercat faltaven peixateries i en pocs anys va canviar la carn pel peix. Hi havia un problema gros: una part del peix venia de la platja de Mataró, però la resta calia anar-lo a comprar al mercat del Born de Barcelona, i encara no hi havia prou duros per tenir vehicle propi. S'havia d'agafar el tren. Sort que, els capgrossos —el sobrenom que tenim els mataronins— això del tren ho tenim per la mà des del 1848, perquè vam ser els primers de tota la península Ibèrica a tenir ferrocarril. La línia Barcelona-Mataró. La mare havia de fer aquest recorregut per anar a comprar peix tres cops per setmana, i cada viatge era un maldecap.

Hi pujava sempre amb un cistell de vímet. A l'anar, de matinada, era ben sec, però al tornar, carregada amb tot el peix, allò era un mullader. S'asseia al seient del vagó, es posava el cistell a la falda i ajuntava molt bé les cames, com si així pogués evitar el desastre. Però, per molt que premés les cuixes, el gel que mantenia el peix fresc s'anava desfent, l'aigua es filtrava a través de les escletxes del cistell i li regalimava cames avall. Al cap d'una estona se li havia fet un petit bassal al voltant del peus. Sempre va recordar aquells viatges com una tortura, sobretot quan era ple hivern i el fred es feia insuportable. Per sort, com que el negoci a mercat anava prou bé, al cap de poc va arribar una furgoneta groga i potent, la Sava Pegaso, retolada amb unes lletres ben grans amb el cognom de la família: Peixateria Masafrets. Un nom que ni fet expressament.

A la mare tothom la coneixia com la Walki. Quan tornava de comprar el peix, els primers anys al Born i després a Mercabarna, es passava estona escrivint amb passió i amb una lletra lligada perfecta els cartellets amb el nom i el preu de cada peix. Després triava les millors fulles de col de la pagesa del costat i les col·locava al davant de la parada, la part del tronxo sota el gel i la part més ondulada i bonica de la fulla verda mirant cap a la clientela. Llavors anava traient el peix de les caixes de fusta i l'anava posant allà on tocava; cada un tenia el seu lloc assignat. Era un espectacle veure amb quin art remenaven el peix, les mans de la mare. Amb quin gust i quina il·lusió preparava cada dia la parada. Tenia peix per a totes les butxaques. N'hi compraven els rics i els pobres. Com que era una gran cuinera, tots marxaven amb el seu peix i, si convenia, amb una recepta boníssima fotocopiada. De vegades també treia el caràcter, sobretot quan sentia que una clienta deia al seu fill que no toqués el peix, que feia pudor. «El peix, estimada, no fa pudor. El peix fa olor!».

Els dies de més fred, quan ho tenia tot a punt, posava a terra, a tocar del tallador, una llauna grossa d'olives plena de carbó roent, i així almenys li pujava una mica d'escalfor per les cames.

La feina al mercat era dura. Començava de matinada i no s'acabava fins a mitja tarda. Aleshores els clients ja ho havien comprat gairebé tot i el peix que sobrava s'encaixava altre cop i cap a la nevera. Ja se sap: si la ganya aguanta, el peix sempre es pot vendre com a fresc l'endemà. A casa en vam fer ben poques, de vacances. La mare sempre tenia feina darrere el taulell.

Just al damunt del punt on ella despatxava, ben bé a sobre

del cap, hi tenia penjat un peix gros, preciós, de vidre bufat. Era un regal del meu pare. En Diego treballava al Forn del Vidre, una cooperativa de referència a l'estat espanyol.

A finals del segle XIX i principis del XX l'electricitat havia entrat amb força, i la cooperativa produïa el vuitanta per cent de les bombetes de l'estat. En aquell moment Mataró era una potent ciutat industrial, i també el bressol del cooperativisme. En uns anys en què la competència era despietada, aquells cooperativistes creien que un altre model de treball era possible. Van lluitar i van tocar el cel. L'objectiu era produir, però mentre ho feien també posaven les bases d'una societat més justa i més igualitària. Amb l'empresa iniciada, gràcies a la força de vidriers com Josep Ros, va entrar a treballar-hi el destacat anarcosindicalista Joan Peiró, que va ser secretari general de la CNT i ministre d'Indústria durant la Segona República, al govern de Largo Caballero.

En Peiró i molts altres cooperativistes van aconseguir fer una empresa on, a més de tenir bons professionals, també es vetllava pels valors cívics i socials, per culturitzar els treballadors i, així mateix, per crear una escola moderna i progressista inspirada en la ideologia de Ferrer i Guàrdia pensada per als fills dels empleats.

Va ser en aquesta empresa d'arrels cooperativistes on, passats els anys, va trobar feina el meu pare. En Diego era molt respectat. Els companys sabien com defensava els drets dels treballadors quan algun superior perdia de vista els ideals cooperativistes. Era un home honest, sensible i el primer de sortir a la pista quan es feien actes culturals. Tenia fama de bon ballador i era seductor de mena. I així es van conèixer amb ma mare, al mig de la pista de l'envelat. Poc després, ja eren una família de quatre.

15 d'agost

I deixava caure el cos i volava.
Almenys, per uns segons, volava.
I deixava caure el cos i volava.
I si no ho feia, tant se val,
caure no feia mal.

JOAN DAUSÀ, «Caure no feia mal»

Després de molts anys treballant de valent, en Diego i la Walki tenien per fi una casa per viure en família. Per estrenar-la van muntar una festa amb amics i familiars. Era un dia calorós, el 15 d'agost de 1965. Els grans parlaven i els petits volien jugar. Les criatures van sortir al carrer. El més petit tenia sis anys i el més gran dotze. La casa, nova de trinca, era en un barri que tot just s'estava construint i encara es veien molts edificis a mig fer. Era fàcil passar d'una casa a una altra a través de les parets que separaven els patis. En un d'aquests murs, que amb prou feines feia un metre i mig d'alt, els nanos jugaven a fer equilibris. Ara l'un, ara l'altre, hi anaven passant tots. Quan ja feia estona que jugaven a aquell joc, l'Eliseu va posar un peu on no tocava i va caure. Va morir a l'acte davant de tots els seus amics i del seu germà petit, en Daniel. La festa dels pares es va aturar per sempre més. A casa, les coses van anar així.

La mare es va passar tres anys plorant. Literalment. El pare, crec que es va perdre per sempre més.

La notícia de la mort del fill de la Walki i en Diego va córrer com la pólvora per tota la ciutat. Durant una temporada van viure amb el «T'acompanyo en el sentiment» ressonant-los als timpans. I, per això, ara em pregunto si realment som capaços d'acompanyar en el sentiment. Tinc la sensació que, quan el dolor que notem és tan intens, per més bones intencions que tinguem, ens fa por acostar-nos massa a la tristesa del nostre amic. Moltes vegades he intentat omplir el silenci amb paraules per evitar una situació incòmoda. No fa tant que m'he adonat que el silenci potser és la millor manera de fer companyia en el procés de dol. Sempre que no ho convertim en dogma.

Malgrat tots aquells «T'acompanyo en el sentiment», la mare i el pare es van quedar sols amb la seva pena i el seu segon fill. Per la gent era massa dur compartir-la. Perdre un fill és un sotrac tan dolorós que procurem pensar que a nosaltres no ens passarà mai. Fins i tot el diccionari ha oblidat idear una paraula per designar un pare o una mare que han perdut un fill, per descriure el seu dolor. La mort ens espanta tant, que només li obrim de grat la porta quan ens sembla que és benvinguda: quan toca, quan ve a buscar els més grans, els que ja ho tenen tot fet —almenys als nostres ulls—. L'acceptem només quan no se salta l'ordre cronològic. Primer es moren els avis, després els pares i així successivament. Se suposa que aquest és l'ordre just, la successió lògica. Si la persona que se'n va a l'altre barri és molt gran, sovint diem «Ja li tocava, és llei de vida». Ara bé, quan la mort arriba en una altra edat, inesperada, de sobte, llavors ja són figues d'un altre paner. És aquí quan la neguem, quan ens revolta i ens fa mal. Ingènuament, hem oblidat que en el moment en què som engendrats tota la maquinària de la vida es posa en marxa, i aquesta maquinària també inclou la mort. Quin gran vers, aquell de Pere March: «Al punt que hom naix comença de morir». És això. Ara bé, una cosa és que en el moment de néixer el rellotge de la mort iniciï el seu tic-tac; i una altra de molt diferent és que s'aturi quan les agulles tot just s'han començat a moure.

Quantes vegades he sentit a dir al llarg de la meva vida que el que va passar a casa va ser antinatural. Perdre un fill és antinatural? Ara ens pot semblar que sí, però, tal com explica en Ramon Riera al llibre *L'herència emocional*, fins fa poc més d'un segle un de cada tres infants moria abans de fer els cinc anys. Era un temps en què el que donava sentit a la vida era esquivar la mort. Riera explica que avui tenim la gran sort de poder-nos centrar en altres aspectes, com ara donar sentit a la vida més enllà de la supervivència: en les societats postindustrials, un de cada dos-cents infants mor abans dels cinc anys.

Però, evidentment, la mort continua sent aquí. I si li toca al teu fill ser l'u d'aquests dos-cents? Llavors, el món s'ensorra, naturalment. Abans, les morts eren habituals i les famílies les encaixaven, com en l'actualitat, amb molta pena, però amb un dol compartit amb la comunitat. Sabien —i ho acceptaven millor que nosaltres— que els seus fills potser no arribarien a adults. Ara, com que, sortosament, aquí això no passa, ens hem arribat a creure que hem vençut la mort. Si més no, aquesta mort que «no toca». I quan ens adonem que no és així, la situació és tan insuportable que els que han patit la pèrdua s'ensorren i els de l'entorn surten cames ajudeu-me.

A casa, el dol dels pares va ser molt dur. Els amics es van anar allunyant. No perquè no fossin prou sensibles, sinó perquè no sabien com conviure amb la desolació d'uns pares que havien perdut un fill de nou anys d'un dia per l'altre. No sabien com fer-los costat. La nova llar es va enfosquir i en Daniel, de sis anys, va haver de trobar el seu lloc en aquell ambient de desconsol.

Entre fases

> *Tan estrany i tan bonic,*
> *entre el miracle i el desastre és on vivim.*
> *Cel de llums per fer-te feliç,*
> *brilla la nit i ho fa per tu.*
> *Sempre porto un tros d'ahir.*
>
> OQUES GRASSES, «La gent que estimo»

En Daniel va quedar mig esborrat en un racó de la vida. No només va perdre el seu germà gran, sinó que de cop també va ser com si hagués perdut els pares. O com si els hi haguessin canviat del tot. I és que no van tornar a ser mai més els mateixos. L'aire que es respirava en aquella casa va quedar enrarit per sempre. No hi havia ni portes ni finestres que deixessin ventilar la pena. La mort del germà i el dolor dels pares van acabar desdibuixant la presència del germà viu. El fill mort va passar a ocupar tot l'espai.

Al cap de pocs anys, els pares van fer cas del consell d'amics i familiars: «És bo tenir un altre fill per poder alleugerir el dol». La Walki va quedar embarassada de seguida, però la sort els va tornar a girar l'esquena. Sis mesos més tard va perdre la criatura. Mort perinatal. No va ser fins passats dos anys que va néixer una nena, la Walkiria. I, cinc anys més tard, aquest cop sense consells previs i sense avisar, de manera accidental, vaig néixer jo.

Res va aturar el dolor somort, però el pas del temps va anar fent la seva feina i va arribar la serenor. Una serenor que volia dir que acceptaven aquella mort, però acompanyada sempre de la culpabilitat. Perquè uns *bons* pares no obliden mai. Si la felicitat volia dir oblit, no hi podia haver felicitat; ni en uns anys ni mai. Impossible, doncs, treure's aquella llosa de sobre. L'equilibri entre acceptar que la vida segueix i el record de la pèrdua és francament difícil. Quan t'arriba la mort d'algú estimat et fa mal mirar el rellotge i veure que res no s'atura, que el món continua avançant.

Els professionals que en saben, d'això de la mort i el dol, han dividit el procés en un seguit de fases. És llarg i cadascú el viu diferent. El dol és un sentiment tan personal que n'hi ha un per a cada individu.

Els teòrics no es posen d'acord sobre quant dura aquest camí de dol. És un procés semblant al que ens toca viure quan ens diuen que ens queda poc temps d'existència. I llavors toca patir una mena d'autodol en vida.

Hi ha casos en què fins i tot és difícil dir quan comença. Parlo, sobretot, d'aquella mena de dol avançat que fan els familiars de persones amb demències molt severes, un dol per la mort psíquica de la persona que estimen. Quan arriba el final, fa tant de temps que experimenten aquesta separació progressiva que la separació física es pot viure gairebé com un alliberament. Moltes vegades, el que es queda no s'adona que el que ha passat durant aquests últims anys era un dol fins que arriba aquesta separació física i el seu familiar deixa de patir.

Elisabeth Kübler-Ross, a qui considero la mestra de la mort, ens parla de les cinc fases del dol. Però no hi ha un ordre fix per a tothom. A mi, conèixer les cinc fases del dol —la negació, la ira, la negociació, la depressió i l'acceptació— m'ha servit per saber que, quan perds algú i passes per un munt d'estats emocionals diferents, no és que t'hagin d'internar en un centre de salut mental. Pot semblar una exageració, però no ho és; hi ha molts moments que arribes a pensar que estàs embogint. Tot forma part d'un camí molt dur, i la cicatriu no s'esborrarà mai, però a poc a poc s'anirà tancant la ferida.

Llegir Elisabeth Kübler-Ross i el procés dels cinc estadis m'ha servit a posteriori per identificar el que vaig haver de gestionar, sense saber-ho. Potser m'hauria anat bé entendre-ho abans i no m'hauria sentit tan perdut.

La negació. Els pares van morir amb quatre mesos de diferència. No pot ser que les persones que més estimem ens deixin, i menys de manera tan concentrada. Costa imaginar-te que mai més tornaràs a fer res amb aquella persona que ha mort. Entres en una mena d'estat de xoc. Costa tant de creure, que ja no hi són, fa tant de mal comprovar-ho que al principi negar-ho ajuda a no ensorrar-se. A poc a poc, amb el temps i molta paciència, acabes acceptant que realment ja no hi són. És el senyal que has superat aquesta primera fase.

L'arribada de la ira. En aquest moment podem enfadar-nos amb qui mor i amb nosaltres mateixos. No entenem com ha pogut deixar-nos sols. Ens retraiem mil coses internament: que si no el vam atendre prou bé; que si no li vam dir prou sovint que l'estimàvem; que si no li vam fer prou cas quan deia que no es trobava bé; que si no ens hauríem hagut de quedar amb aquell metge i hauríem hagut de buscar-ne un de millor... Tot són retrets a un mateix, al mort i als altres.

En definitiva, estem molestos amb tot. Recordo que en aquest moment volia matar el metge que havia tractat la meva mare. Vaig projectar en ell la responsabilitat de no haver-la salvat. El veia i per mi era l'enemic a abatre. Com si això em pogués tornar els pares.

L'estadi de la ira és un moment molt delicat, i em temo que, en el cas de la mort del meu germà, va ser la fase en què els meus pares es van distanciar del seu entorn. Els amics devien intentar ajudar-los, però al davant hi tenien dos cavalls emocionalment desbocats. La mare devia buscar culpables per tots els racons. De vegades et fa la sensació que estàs embogint amb els pensaments. Malgrat tot, aquesta ira ens dona força per buidar el pap, ens neteja a fons. El que ens convé en aquesta fase és que l'entorn ens acompanyi sense jutjar-nos.

El temps passa, sortosament, i acabem entrant en una tercera etapa, la negociació. Comencem a ser conscients del que ha succeït. A entendre que això ha passat. És com un bany de realitat i un tocar de peus a terra. Toca calmar-nos. És el primer cop que respirem una mica. Hem gastat tantes energies negant el que era evident que estem abatuts. És el moment en què comencen a sorgir les preguntes, el moment de negociar. Aquí crec que a la meva mare segurament li va anar bé pensar que un dia es retrobaria amb el seu fill. Havia de buscar la força on fos, s'havia d'imaginar que el tornava a tenir. Potser per això són tan humanes les creences religioses. Necessitem buscar algun lloc on aferrar-nos com sigui.

La penúltima fase és la depressió. Quin esforç més immens és haver d'aprendre a conviure amb la tristesa i el buit devastador. El dol ens deixa planxats, com si haguéssim fet una marató. Elisabeth Kübler-Ross matisa que, si no es tracta d'una depressió clínica, pot ser una resposta per no col·lapsar el nostre sistema nerviós. En certa manera, és com posar el cervell en mode de baix consum. És un mecanisme per adaptar-nos a aquest camí tan difícil de controlar i gestionar. Com una mena d'aïllament que serà bàsic per poder fer un pas endavant. És el moment de reconstruir-nos.

I finalment arriba l'acceptació, que no és el mateix que l'oblit. A partir d'ara serem una mica diferents, perquè cada pèrdua és un tros que t'arrenquen de tu mateix, però ja serem capaços de viure a fons el present i projectar-nos en el futur.

Cadascun de nosaltres se sent únic, i ho som, però alhora som iguals; i tots, si fa o no fa, passarem pel mateix procés. És bo saber-ho i no pensar que estem malats, insisteixo. Perdre algú estimat és una cosa molt grossa i és molt difícil de portar. Saber que aquest procés és inevitable, però també que passarà, i poder compartir-ho, és la millor manera de no perdre's en la partida.

Alguns diuen que aquestes cinc fases del dol duren un any, dos anys... D'altres, que tres. N'hi ha que pensen que el dol no es pot dividir en etapes; que això només serveix per categoritzar les coses que ens passen, i de vegades és impossible. Tant se val. El més important és que cal saber que comença una pujada dura, però que un cop al cim recuperarem la pau, tot i que moltes coses hauran canviat dins nostre.

Quan una persona propera ha perdut algú estimat, pensem que la millor manera d'ajudar-la és parlant molt i posant exemples d'altres persones que també ho han passat malament. Omplim el dens silenci amb experiències alienes perquè veure l'altre tan fumut ens fa sentir incòmodes. El volem ajudar, però no sabem com fer-ho. En general ens costa escoltar, parlem pels descosits. Les morts que he passat m'han ensenyat que ens ho compliquem massa i que tot és molt més senzill. Només cal escoltar i acompanyar. No cal gaire més. I, si ens ve de gust, abraçar, agafar la mà o fer una carícia. Depèn del caràcter de cadascú i de la relació que hi hagi. Però no hi ha paraules al món que facin més companyia que aquestes mostres d'afecte.

El consol arriba gràcies a aquells que et deixen expressar enmig de la desesperació i les llàgrimes.

Quan una persona perd algú, sigui en les circumstàncies que sigui, viu el seu dolor com a únic. El que cal és que l'expressi, no intentar aigualir-lo amb el dolor d'un altre. A casa, tots tres germans, en Daniel, la Walkiria i jo, vam viure envoltats i marcats per una esquerda que va provocar una tristesa infinita.

El banc de la mare

Recorda, si plou dins teu,
que caminar cura les ferides.
Que viure, viure, no és estar vius;
viure és l'actitud d'omplir la vida.
La vida, allò que passa quan tu rius.

TXARANGO, «Tanca els ulls»

Cada nit, mentre vaig viure amb els pares, veia com la mare feia un petó a la fotografia de l'Eliseu. Encara recordo la seva tauleta de nit amb aquell marc auster de fusta clara, i ell amb aquella carona i un somriure angelical.

Malgrat que quan la meva germana i jo vam néixer ja feia anys que el nostre germà era mort, sempre ens costa explicar que no el vam conèixer. Com més temps passava, més s'esforçaven els pares per mantenir viu el record de l'Eliseu. Fer com si no hagués passat res i oblidar-lo era impossible! Vivíem envoltats de la seva presència. La mare sempre tenia el seu nom als llavis quan servia els macarrons a taula: «El vostre germà es tornava boig, amb aquest plat». Tot i que havia mort amb només nou anys, el pare sempre el recordava com el més estudiós de tots quatre, i anant per casa trobaves fotografies seves a cada racó. Així ho vam viure tota la vida els tres germans.

Quan arribaven els caps de setmana, especialment els diumenges, com us deia, era un clàssic anar al cementiri a portar-li flors. Gairebé sempre hi anàvem el pare i jo. Crec que era l'única cosa que fèiem sols pare i fill. Aquells viatges al cementiri m'hi van unir d'una manera especial. Ves a saber si va ser per això que vam augmentar la freqüència de les visites. Als diumenges hi vam afegir els dijous. La mare també venia, a vegades. Quan el cor i les forces l'hi permetien, que era poc sovint.

Recordo vivament, això sí, com va lluitar per recuperar un banc que hi havia just davant del nínxol. Un dia, sense avisar, els treballadors del cementiri se'l van endur. Al seu lloc hi van posar un contenidor verd i atrotinat. Va ser com si li arrenquessin alguna cosa per dins. Va quedar més marcida que les flors que els familiars dels difunts hi llençaven quan renovaven els gerros dels seus nínxols. Per ella, aquell banc s'havia convertit en el racó imaginari on es retrobava amb el seu fill. A més de descansar-hi, el banc li servia per activar el record. S'asseia allà, mirava la làpida i la fotografia del seu fill i es deixava endur pels pensaments. La veig encara reposant allà amb una tendresa infinita. Va remoure cel i terra per recuperar aquell banc. Va tocar la pera a tots els regidors de l'Ajuntament fins que va aconseguir que el tornessin a posar al seu lloc. El banc no era res de l'altre món, era un d'aquests fets de llistons de fusta pintada de color marró que molts consistoris compren a cabassos, però és clar, aquell havia anat a petar en un espai clau per a la mare, i era intolerable que algú pretengués substituir-lo per un contenidor. Per al responsable del manteniment del cementiri, només s'havia canviat un banc de lloc; però a ella se li havia trencat el seu món més íntim. El dia que se'l va tornar a trobar on havia estat va ser feliç per un instant. Quina pau, quan recuperes una cosa que donaves per perduda. Avui encara hi és, el banc. Ara m'hi assec jo, un cop he fet net el nínxol 301. Bàlsam.

El xiulet del pare

I al record les tardes bones,
i cançons a mig desfer,
el gat vell que m'ha vist créixer
o fer el punki pel carrer.
[...] Estimar-te com la terra
que fa viure els cirerers.

GINESTÀ, «Estimar-te com la terra»

Anar amb el pare al cementiri era gairebé un espectacle, com una obra de teatre. I és que la funció es repetia cada setmana, tenia un principi i un final, i els actors —el pare i jo— no ens saltàvem mai ni un sol punt del guió. Sempre el mateix ritual, però sense públic al davant. Si més no, públic viu...

El primer acte començava a casa. Ell agafava una galleda de plàstic, sempre la mateixa, d'un color verd descolorit i amb una nansa de ferro exageradament gran. Completaven el conjunt un pom de clavells blancs i un drap blau per treure la pols que s'havia guanyat el títol de drap oficial per portar al cementiri. I jo, amb les meves coses: una galleda també verda però més nova, la pala i el rasclet.

Pujàvem amb tots els estris al Simca 1200 de color marró i marxàvem cap al cementiri de Mataró. Un cop havíem aparcat el cotxe, començava una successió d'escenes amb un tempo precís. Sempre el mateix ordre i la mateixa durada exacta, tot ben pautat. En entrar, tres xiprers ben alts ens donaven la benvinguda. Llavors travessàvem una gran portalada que donava accés a un pati on hi ha les grans sepultures i enfilàvem aquelles escales estretes de cargol. Cada pas, un eco curt i buit. Tot a poc a poc i en silenci. Un cop a dalt, començàvem a caminar pel llarg passadís que ens conduïa fins al nostre nínxol, el 301. Estava arran de terra i gairebé sempre li tocava el sol. El pare començava una neteja que amb els anys he entès que era un ritual. Mentre feinejava feia un so amb els llavis, com un xiulet molt subtil, una cantarella dolça. Treia la pols de tot arreu, i amb molta cura repassava amb el drap la fotografia de l'Eliseuet. Després treia les flors marcides del gerro i en posava de noves, i finalment regava literalment tot el nínxol amb l'aigua que havia agafat de la font que hi ha a tocar. Perquè es veiés tot ben polit, al final acabava netejant també els nínxols del costat. Era com cuidar els inquilins de la zona, els veïns del seu fill.

No es cansava de fer viatges a la font per omplir la galleda. Hi abocava tanta aigua que, com us podeu imaginar, anava lliscant tota nínxol avall i es barrejava amb la sorra de terra. Un mullader considerable. La combinació d'aigua i fang servien al pare per fer l'últim gest del seu ritual: amb la punta de la sola de la sabata, aplanava el fang i ho deixava tot impecable.

D'aquell cerimonial sempre en quedava un rastre al cor i al calçat del pare. Tota la vida va portar a la punta de les sabates restes d'aquell fang de cementiri. El cor no l'hi vaig veure mai, però sé que també hi tenia un pòsit d'aquella sorra.

Mentre ell feinejava, jo em dedicava a parlar amb la gent que passava per allà per anar a portar flors als seus difunts i a fer pastetes amb la sorra. També m'agradava molt fer sorra fina i que llisqués entre els dits mentre s'acumulava en piletes a banda i banda. Quan me'n cansava, ja ho he dit, m'entretenia a mirar les fotos dels nínxols que hi havia al voltant. Jugava a imaginar-me com devien ser quan eren vius. Alguns d'aquells morts, amb el temps, van arribar a ser com de la família.

Quan el pare ho tenia tot enllestit em feia un xiulet, jo recollia les meves coses i marxàvem sempre l'un darrere l'altre; ell anava amb el cap cot i posat reflexiu, i jo... em penso que jo li imitava el gest. De baixada, les escales feien un eco diferent. El xiprers ens deien adeu i, a fora, el Simca 1200 ens esperava.

Amb els anys m'he adonat que, tot jugant, inconscientment em fixava en cada gest que feia el pare. Ho sé perquè ara, quan, de tant en tant, vaig a portar flors als pares i al germà, repeteixo els seus gestos com si, en aquell lloc i en aquell moment, jo fos una prolongació d'ell. M'he trobat taral·lejant la mateixa tonada i aplanant el fang com feia ell. També en tinc una mica d'incrustat en alguna sabata. I al cor. És com si per la via hereditària més primitiva i ancestral, tots els poders per preservar la memòria familiar hagin passat d'una generació a l'altra.

Si de nen anar al cementiri formava part de la meva rutina amb el pare, ara, quan hi vaig, estic sol davant el 301 i a dins hi ha més morts que llavors. El meu germà, el pare i la mare. Abans n'hi havia només un, a dins, i tres a fora; ara ja en són tres a dins i jo dret davant el marbre. Només jo, amb la responsabilitat de seguir cuidant aquell petit espai de propietat però sense hipoteca. La casa dels meus morts.

Algú pot pensar que anar cada setmana al cementiri quan ets una criatura ha de ser traumàtic. Hi he donat voltes i he arribat a la conclusió que jo no ho vaig viure així.

Per molta gent el cementiri és un lloc horrorós i llòbrec. És l'espai de la por per excel·lència. Per alguns, nit i cementiri són sinònim de fantasmes en acció.

A mi, deixar-me portar un dia qualsevol —això sí, amb una mica de sol— pels racons del cementiri i mirar des d'allà la ciutat i la seva pressa, em va bé per reflexionar. Em resulta fins i tot reparador. Tot i que entenc que la meva visió pot ser romàntica, per mi els cementiris són un lloc segur, tranquil i ple d'històries humanes. Per mi és normal anar a passar-hi una estona amb els meus, perquè és la manera com m'ho van ensenyar els pares. Anar al cementiri, de nen, era una rutina més. No era gens dramàtic. I així, setmana a setmana, vaig aprendre que el final de la vida acaba als nínxols o al crematori. I també al cor. Però mai al cel.

Tinc amics que recorden les incerteses que els va provocar

que a casa, quan eren petits, els amaguessin la mort d'un familiar. Ens pensem que ocultant l'últim adeu els estalviem patiment. Però el patiment hi és, i a sobre soterrat i difús, que fa més neguit.

Els adults sovint intenten evitar que les criatures vegin el mort i ni els pregunten si volen anar o no a l'enterrament.

Quan ens amaguen la realitat, el que s'activa per resoldre els dubtes és la imaginació. Alguns companys m'expliquen que durant un temps, massa, es van imaginar que els seus avis estaven al cel volant tot el dia, amb el risc constant de caure o topar amb un avió. D'altres diuen que van arribar a inventar-se que hi havia un déu que els havia robat el familiar estimat amb el pretext que amb ell descansaria i estaria en pau per sempre. O que se sentien culpables per no haver estat capaços de donar la pau i l'amor que mereixia aquell avi i que per això un déu se l'havia emportat.

Crec que el fet que m'expliquessin la veritat, per més punyent que fos, m'ha servit per normalitzar el dolor. Vaig entendre des de petit que morir forma part del joc de viure.

Ara que soc pare, he pensat molt en com hem d'explicar la mort als nostres fills i com viure-la. A casa ens hi vam passar hores, parlant de la mort. Era, sens dubte, un tema ben viu.

La mort a taula

La roba estesa, el meu agost.
Un camp d'espigues i cargols.
Esperarem que passi el fred
i sota l'arbre parlarem de tot.

BLAUMUT, «Pa amb oli i sal»

Els meus pares no van defugir mai parlar-nos de la mort, sabent que ho explicaven a un nen i que aquella explicació generaria qüestions que s'havien d'intentar respondre. I dic intentar perquè al mateix temps també és important acceptar que els grans no tenim explicació per a tot.

En tot cas, parlar, parlar i parlar amb les criatures podria ser la manera de fer desaparèixer els monstres imaginaris i la por. Recordo que la meva germana preguntava molt menys que jo, i els meus pares n'estaven pendents per acompanyar-la en els seus silencis i ajudar-la a verbalitzar els dubtes, sense forçar-la. Si cada dia parlem de la vida, per què no podem incloure la mort en aquest paquet? També s'ho mereix, no?

Els grans intentem protegir els petits i allunyar-los del dolor, i no pensem que potser ho fem més per les nostres pròpies pors que no per les seves. Ens esforcem per evitar dir la paraula «mort», i la substituïm per eufemismes com «ha marxat», «ja no hi és» o «ja no tornarà». Si mesurem bé les paraules, si les sabem adaptar al nivell dels petits i no els deixem sols amb els seus pensaments, ens sorprendrà veure que són capaços de posar les coses a lloc i entendre-ho gairebé tot. Sovint els grans portem les motxilles de l'experiència o existencials carregades de prejudicis.

Si acompanyem els infants a buscar la resposta a les mil preguntes que ens formulen, potser serà més fàcil assimilar la mort, tant per als que estan a punt de morir com per als que continuem vivint.

Quan jo era petit, una de les coses que més por em feia era la mort dels meus pares. Quedar-me sol. Em va ajudar a superar-la entendre que hi havia un entorn que m'estimava i que, malgrat que em faltés algú tan important com els pares, no estaria mai sol. De fet, és natural que una mort tan propera com la d'un germà em fes témer la mort en cadena de tots els que estimava.

Crec que aprendre a viure la mort, i més en un dol de tan a prop, m'ha ajudat a afrontar millor algunes situacions del dia a dia. Hi ha dols molt durs, però al llarg de la vida topem contínuament amb dols més petits —o no tan petits— i hi hem de fer front. Aprendre de ben petit a saber-se desprendre, a plorar i, en definitiva, a saber acceptar l'adeu, són mecanismes que et permeten avançar per la vida. Ens cal naturalitzar la mort, i això és feina de tots.

Cuidar el dolor i acompanyar la pena dels més petits amb creativitat pot ser una bona manera d'alleugerir el moment. Poden ser eines molt útils fer un dibuix en record de la persona que ens ha deixat o regalar-los un objecte senzill del difunt perquè sempre que vulguin puguin recordar-lo.

Permetre que plorin i expressin tot el que senten, fins i tot encara que faci temps que s'hagi produït el desenllaç, és respectar el seu procés personal del dol. Tots tenim el nostre ritme d'acceptació de tot allò que ens passa; els infants, també.

Quan de petit preguntava als pares què hi ha després de la mort, em contestaven sense embuts. Després de la mort hi ha una cosa molt important, que és el record. Amb aquesta explicació els pares m'encomanaven una feina bonica, no oblidar. La meva missió com a nen era recordar amb amor el familiar o l'amic i evitar fer especulacions sobre si a partir d'ara s'havia convertit en un fantasma o una estrella fugaç.

El que llavors em van ensenyar els pares, ara ho he pogut ensenyar jo als meus fills a través del cinema. La pel·lícula *Coco*, de Pixar, en certa manera ens mostra la importància de rememorar els nostres difunts perquè, si no els mantenim en la memòria, l'oblit els farà desaparèixer per sempre més. Aquesta idea ens permet parlar-ne a casa i ens ajuda a no alimentar més del compte el concepte que després de la mort continuem vivint, encara que sigui lluny.

Quan la tristesa i l'enyor m'ho demanen, també em va bé saber que tinc un indret on recordar-los. Tenir clar en quin lloc estan enterrats, ja sigui al cementiri o a l'espai on deixem anar les cendres, pot ser important, en la nostra cultura. A mi m'ha servit per anar esmorteint el dolor. És una manera de tenir present on hem dit l'últim adeu. I crec que aquesta consciència d'*últim* té a veure amb acceptar la mort, amb no amagar-la.

Els cementiris els hem deixat allà, lluny, als afores i oblidats. En general, no ens agrada recordar que existeixen; fa mal pensar que allà hi ha el final de molta gent. I aquest fer veure que no hi és, a poc a poc, l'hem anat ampliant també al procés cap a la mort. Cada cop és menys habitual morir a casa. Els hospitals han agafat el relleu. Ens hem acostumat a morir en una habitació freda, envoltats de màquines i amb un número de llit que ens diu quin pacient som. Abans, si la mort no era d'accident, tothom moria a casa. Era innegociable.

En aquest sentit, em va agradar sentir el conegut forense i pediatre Narcís Bardalet i Viñals. Després de passar-se la vida fent autòpsies, assegura que haver estat tan en contacte amb la mort l'ha fet més humà. Fins i tot afirma que sap quina és la millor manera de morir: a casa, acompanyat dels que estimes i sense dolor.

Sona bé, tot i que, malauradament, per a molta gent han estat o seran tres desitjos impossibles de complir; la mort arriba quan arriba i de la manera que vol. Però si quan arriba podem cuidar aquest final, els que seguim vius veurem que acomiadar bé i a consciència ens ajudarà a deixar anar aquella persona en pau i fer un dol una mica menys dolorós.

Sortosament, la nostra xarxa sanitària pública ens ofereix la possibilitat de morir a casa i ens hi acompanya, si hem decidit que és així com volem que sigui. És la gran feina que fan els experts en cures pal·liatives, el Programa d'Atenció Domiciliària. Professionals de diferents àmbits ens ajuden des de casa perquè puguem fer front a l'atenció del familiar que està en un procés terminal i ens acompanyen en el recorregut. De fet, el més lògic és avançar-nos i no esperar a l'últim moment per decidir com volem que sigui el nostre final. Tenim la possibilitat de deixar-ho escrit en plenes facultats. Podem fer el document de voluntats anticipades, l'anomenat «testament vital». És un document dirigit al metge o metgessa responsable, en el qual diem com volem morir. Aquest document s'ha de formalitzar a través de notari o davant de tres testimonis. El document es pot inscriure al registre de voluntats anticipades del Departament de Salut. D'aquesta manera queda incorporat al nostre historial clínic. Algú pot pensar que aquesta funcionarització de la mort és també un allunyament dels teus. Com pot ser que no n'hi hagi prou parlant-ne amb els familiars directes? No seria més lògic que quan t'arribi l'hora els teus ja sàpiguen on i com vols morir?

Avui potser pensem que morir a casa és una cosa d'abans, de quan la gent no podia anar a l'hospital. És evident que és trist, però també permet als que continuen vius acompanyar la persona que mor fins a l'últim moment, amb calma. A casa, al llit, en un ambient relaxat, amb l'ajut dels professionals i la medicina per amainar el dolor físic, és una oportunitat de viure un dels moments més emotius, amorosos i de pau que ens puguem imaginar. Encara que ens sembli mentida.

Dir adeu costa molt, en tots els sentits. No em refereixo només a una mort, sinó a qualsevol comiat en general que se'ns presenti a la vida: de persones, de coses importants...

Deixar un amor, acomiadar un amic que marxa lluny a treballar, canvis de feina que impliquen deixar de veure persones que han estat una part important de la nostra vida... Fins i tot comiats de coses més materials, com ara un canvi de casa. Tot això també són adeus. La vida és plena d'últimes vegades. Mirem-les de cara.

Acomiadem-nos i que després cadascú esculli com recordarà el qui mor. Hi ha qui triarà portar aquella persona només al cor; qui buscarà un moment de recolliment allà on en van escampar les cendres, qui necessitarà la rutina d'anar al cementiri. D'opcions n'hi ha moltes.

Per a alguns, anar al cementiri és una cosa antiga i absurda. És evident que hi ha alternatives, però en un procés de dol el camí és molt llarg, i en algun moment, amb els anys, ens pot fer falta anar al lloc on ens vam acomiadar per última vegada per seure i pensar, simplement pensar; per sentir-nos més a prop de la persona estimada. La mort, tant si ve de sobte com si arriba al final d'una llarga malaltia, té una part carregosa: l'enterrament, escollir a correcuita tot de coses que ens proposa l'empleat de la funerària... Ens trasbalsa tant que tenim la necessitat de deixar aquest tràngol enrere. Una amiga m'explicava que, no fa gaire, de cop i volta, la seva mare es va posar a plorar desesperadament al mig del carrer. La filla li va preguntar què li passava, i resulta que tot venia de cinquanta anys enrere, quan la dona havia parit bessonada i una de les filles havia mort al part. Després de tots aquells anys, havia arribat el moment de verbalitzar el neguit i el dolor de no saber què se n'havia fet, del cos de la nena. El plor es va activar sobtadament, sense més. Cinquanta anys després, esclatava el dolor per no haver tingut un espai físic per anar-la a plorar. Aquest cas no és una excepció.

No hem parat mai atenció a les morts perinatals, a les defuncions al voltant del moment del part. Fins fa molt poc, la majoria de famílies havien de viure soles aquest dolor. Eren morts tapades socialment. No han estat morts prou reconegudes. En la sensibilitat actual, la mort d'una criatura abans de néixer també demana respecte i delicadesa. Durant els mesos de gestació hi ha una família al darrere que comença a projectar un dels moments compartits més feliços, segurament. Una mare que veu com el seu cos es transforma; una vida que es mou lentament dins d'aquesta panxa; una parella, si és el cas, que l'acompanya i l'acaricia amb amor. Preparar una habitació nova i tot el que caldrà per al naixement canvia la vida de qualsevol. A banda, el naixement ja s'ha anunciat i ha transcendit entre els amics i familiars, que esperen l'arribada de la criatura. Hi ha tantes il·lusions posades en aquella nova vida que, quan s'estronca, la patacada és monumental. Contràriament a les morts en edat avançada, en què fem un dol pel passat viscut, el dol perinatal és un dol pel futur projectat, per totes aquelles experiències no viscudes. Per sort, ara hi ha professionals que s'han especialitzat en l'acompanyament en el dol perinatal. Actualment, els hospitals ofereixen a les famílies poder-se acomiadar de l'infant un cop s'ha tret el cos de la panxa de la mare. Fins i tot hi ha l'opció de poder-lo enterrar. En definitiva, acomiadar-se'n bé i tenir un lloc on recordar-lo, sigui quina sigui la causa de la mort i l'edat del difunt.

Deixa'm aturar-me

Noches de bohemia y de ilusión.
Yo no me doy a la razón.
¿Cómo te olvidaste de eso? (...)
Yo quiero vivir distante
de todo aquello que era nuestro,
pero el aire me trae
aromas del recuerdo.

NAVAJITA PLATEÁ, «Noches de bohemia»

Per pair la mort dels pares em va fer falta aturar-me, i això, que sembla tan normal, la majoria de vegades és impossible. No pots fer un parèntesi laboral. Si ets autònom, no cal ni que en parlem. Per als assalariats que treballen en una empresa en què en teoria hi ha un conveni que té en compte el mort i el que el vetlla, la cosa també pot arribar a ser bastant curiosa. Mireu: en el meu cas, quan vaig ser pare, vaig tenir quatre setmanes de permís per cada fill. Ara això ha augmentat i ja en són setze per criatura. Si m'hagués casat hauria tingut vint dies de vacances per recrear-me en l'amor. Vaig fer un trasllat i vaig disposar de dos dies per fer caixes sense parar. Ara bé, si se'm morís un fill, tindria el mateix que per canviar-me de pis: dos dies. Com quan es van morir els pares: dos dies. Dos miserables dies.

I espera, que els has de fer just quan es moren perquè, si no, els perds. Qui va aprovar aquestes pautes possiblement no ha perdut mai ningú, oi? Perquè això no s'aguanta per enlloc.

Segurament, la lluita per aconseguir un reconeixement laboral del dol serà lenta. Sí que es van fent passos, però amb comptagotes. No fa gaire vaig sentir al *Telenotícies* que Nova Zelanda havia aprovat per llei tres dies de permís per a les mares i les seves parelles en cas d'avortament espontani o de mort del fetus en qualsevol moment de l'embaràs. D'aquesta manera, es converteix, després de l'Índia, en el segon país del món que reconeix el permís per dol en casos d'interrupció involuntària de l'embaràs i també de mort perinatal, que segons l'Hospital Clínic és un de cada dos-cents embarassos. A partir d'ara, gràcies a la norma aprovada per unanimitat al parlament de Nova Zelanda, es reconeix, doncs, un dol que no sempre té l'acompanyament que es mereix. La llei donarà a les gestants i a les seves parelles temps per acceptar la pèrdua sense haver de recórrer a la baixa mèdica. Perquè el seu dol no és una malaltia; és una pèrdua. Cal que aprenguem a dir les coses pel seu nom, és la manera d'acceptar-les.

Accions com aquesta serveixen per anar conscienciant de la necessitat que aquests permisos es generalitzin. Potser és bo també que els mitjans de comunicació en parlin. Mireu un exemple: a Catalunya, cada vegada més cementiris habiliten espais per als nadons morts en l'embaràs o en el moment de néixer, llocs per ajudar les famílies a passar el dol i tenir un record per aquests fills. En el cas del cementiri de Montjuïc a Barcelona, la iniciativa va sorgir, precisament, arran del reportatge del *30 minuts* de Televisió de Catalunya titulat «Sense batec». De fet, associacions com Petits amb Llum fa temps que hi treballen.

Però queda molta feina per fer. Aquí encara hi ha hospitals on, quan hi ha un avortament o una mort perinatal, la mare ha de compartir planta —i en alguns casos fins i tot habitació— amb les dones que acaben de parir fills vius. Una convivència complicada. Per les habitacions de les parteres van desfilant amics i familiars carregats de peücs, pijamets i felicitacions. A l'altra banda de la paret, potser hi ha una família que plora la pèrdua d'un fill.

A poc a poc, aquí i allà, hi ha moviments que fan pensar que va calant la consciència que calen polítiques per abordar els efectes emocionals d'aquest tipus de dol. N'hi ha prou amb un exemple: el dia 15 d'octubre és el Dia Internacional per a la Visibilització de la Mort Perinatal. És veritat que ja tenim dies per a tot, però també ho és que això ajuda a fer presents realitats sovint oblidades.

El telèfon

He querido elevarme hacia las cumbres,
demasiados días recorro un territorio gris.
Tú me recuerdas que estoy vivo.
Tú como paisaje, tocada de lirios,
me convocas a lo cierto de vivir.

MANOLO GARCÍA, «Junto a ti»

Sona el telèfon. A la pantalla hi apareix «casa». Al despenjar, tant pots sentir la veu de la mare com la del pare, i sempre és per dir-te poca cosa o per fer-te alguna pregunta aparentment sense importància. No t'adones del que són aquestes trucades fins que el telèfon deixa de sonar: són una manera de fer-te sentir que hi ha algú que pensa en tu. I al final, abans de penjar, un «t'estimo», ara enyoradíssim.

El número encara ben gravat a la memòria: 93 798 04 63. Tinc claríssim que va ser el primer contacte que vaig posar a l'agenda. La llista no para mai de créixer, però aquest sempre serà el primer.

93 798 04 63. Res, ja no hi són ni hi seran mai més. Així de dur. El cop és tan sec que et veus obligat a omplir el buit com

bonament pots, i busques elements materials que et permetin imaginar que encara hi són. Que alleugereixin el pes de l'absència, que l'enganyin. «Casa»... Final de trucada. Quin nus a l'estómac saber que no rebràs mai més una trucada dels teus pares. Et falta l'aire, quan t'adones que ja no tornaràs a sentir la seva veu, que no hi compartiràs l'alegria d'una nova feina ni hi podràs buscar el consol després d'un disgust.

Creus que, si finalment prems la tecla d'«eliminar contacte», no només faràs desaparèixer aquell número del teu mòbil, sinó també tot el que queda d'aquella pèrdua. T'imagines que esborrar-lo és com una derrota i el conserves perquè és l'única victòria que pots retenir.

La mort dels meus pares, amb quatre mesos de diferència, va ser un cop fort. Malgrat les dues pèrdues tan seguides, recordo que no vaig faltar ni un sol dia a la feina. Trobava que era normal fer-ho així i que era el que segurament els hauria agradat a ells. Un dia, just quan estava a maquillatge a punt per entrar al plató del *Telenotícies* de TV3, una de les maquilladores em va etzibar una sentència que em va deixar glaçat. Em va dir: «Espartac, a partir d'ara res tornarà a ser igual. No tornaràs mai més a ser el que has estat fins ara». Jo, francament, m'esperava més aviat una abraçada, una frase tranquil·litzadora. Però no, el que li va sortir de l'ànima va ser deixar-me clar que, a més de perdre els pares, també acabava de perdre'm a mi mateix. Amb els anys, he pogut comprovar que és el comentari més realista que m'han fet mai. Després de passar per un procés de dol i superar-lo, res torna a ser com era. I, certament, crec que no em reconec en qui havia estat abans. Amb el temps i una canya, vaig anar apuntalant l'edifici fins que va deixar de trontollar. Mal dit, seria que em vaig fer gran de cop.

La meva companya maquilladora no ho va fer amb mala intenció, i a més ho va encertar, però a destemps, segurament. Dir-m'ho quan tot just xocava amb la idea que els pares no tornarien mai més no va ser afortunat. De vegades, quan volem ajudar, patinem. No calibrem el moment dramàtic. Des de llavors sempre intento no espifiar-la, quan vull consolar un amic. Ja ho sé que per més que vigili potser no l'encertaré, però hi tinc l'antena posada.

Sempre ressonen clàssics del no saber què dir: «Ja veuràs que amb el temps tot s'arreglarà i ho superaràs». I és cert. Tan cert com que ara l'altre està com està i aquest temps del qual parles encara ha de passar. No és una predicció de futur, el que necessita ara, sinó consol.

Jo vaig ser el primer sorprès que, havent viscut tan intensament la mort a casa de ben petit, em costés tant acceptar-la amb la pèrdua dels pares. Tinc el convenciment que haver conviscut amb la mort m'ha fet ser com soc, de la mateixa manera que ara tinc la consciència que aquesta proximitat no m'ha salvat de res. La darrera de morir va ser la mare. I ho va fer d'una manera inesperada, inexplicable i turmentosa. El buit que em va deixar encara el noto avui.

Fins llavors no m'havia aturat mai a pensar en la importància del cordó umbilical. Com la línia de telèfon. Llavors vaig sentir com me'l tallaven de la manera més salvatge. Ai, les mares...

És possible que haguem après més coses dels pares un cop han mort que quan els teníem al costat, vius?

Quina por imaginar que la resposta sigui un sí rotund. Fa pànic pensar que mentre som vius aportem ben poc als nostres fills. Que no és fins que ja no som més que pols i record que comencen a aprendre alguna cosa de nosaltres. Això fa de mal pair.

És evident que la resposta a aquesta pregunta dependrà de l'edat que teníem quan vam perdre els pares i de l'edat que tenien ells quan van morir.

Des que vaig perdre els pares he pensat moltes vegades que, en general, només som conscients de l'amor i l'entrega que ens han regalat quan ells ja no hi són. Mentre els tenim —i sobretot quan comencem a ser una mica grans i ja no els necessitem com a crossa— ens acostumen a fer nosa. Volem volar, necessitem desenganxar-nos de la seva protecció per sentir-nos lliures i autònoms. En canvi, quan envellim, entenem més que mai la seva manera de ser, valorem les coses bones i també les dolentes que vam aprendre al seu costat. Sempre acaben sent els nostres mestres i un model a la vida. Fins i tot ens arribem a convertir en còpies dels pares a través del gest, els fets i la paraula. Un cop són morts, vivim el que ens han transmès.

He arribat a la conclusió que no som capaços de valorar i absorbir tot el que ens ha ensenyat la vida dels nostres fins que no s'ha apagat. Les paraules que pronunciarem no prendran força fins que ens haguem mort. El que haguem dit o fet es convertirà en sentència, en lliçó, en aprenentatge. I fins i tot si l'hem feta molt grossa, serem com un far que alerta d'on hi ha els esculls. En general, un cop som morts, fins i tot els nostres crítics més ferotges podran escriure'ns el comiat més bonic que s'ha redactat mai. És com si la mort et portés a l'excel·lència i polís totes les imperfeccions que t'enlletgien en vida. És veritat que la mort idealitza, que cobreix els difunts d'una pàtina d'integritat que, si tornessin a la vida, potser s'esquerdaria una mica. Però no em digueu que no és bonic que els nostres morts continuïn ensenyant-nos coses i ens facin ser una mica més savis. És talment com si fossin vaixells o avions que, un cop s'allunyen, deixen una estela perpètua, la marca d'una presència que ja no existeix però hi serà sempre. Com aquell número de telèfon que no esborres encara que passin els anys.

La calaixera i els tres desitjos

Aprendre que
res no acaba
si dintre meu
abans no acaba.

Lluís Llach, «Aprendre»

La mare ens havia demanat tres coses. La primera, que volia que l'enterressin amb el seu fill, l'Eliseuet. La segona, que, per l'amor de Déu, no poséssim cap creu ni a la caixa ni al nínxol. I la tercera: «El dia que em mori, vull que cremeu la calaixera. S'ha de cremar absolutament tot, el moble i tot el que hi ha dins». Ho deia amb una veu prima com un fil, un fil que es trencava.

Ara que la mare ja no hi era, m'adonava que aquella calaixera que volia que neméssim era justament l'única cosa important que ens quedava d'ella. Quan perds algú costa desprendre's de les seves coses. Com si un objecte et pogués salvar de la pèrdua. Però per què aquella calaixera era tan important? Com podia ser que fos tan transcendent i que jo ni tan sols sabés què hi havia dins? Només tenia clar que aquell moble havia estat sempre en un racó de l'habitació on dormíem la meva germana i jo. Estava entrant a la dreta, just als peus dels llits. Havia estat sempre allà, però ni la meva germana ni jo sabíem què hi guardava la mare. No era gaire gran. Tenia quatre calaixos i un cinquè que s'obria per la part superior, tots cinc ben tancats amb clau. Cada vespre la mare hi deixava a sobre, ben plegada, la roba que ens havíem de posar l'endemà.

Els tres germans teníem molt clar que s'havia de cremar. I aquí jo vaig cometre una temeritat: abans de cremar-la vaig voler obrir-la. La curiositat em consumia. A la tauleta de nit de la mare hi vaig trobar una clau petita i vella que estava embolicada amb l'esquela de l'Eliseu. Quan vaig tenir la claueta a les mans vaig entendre que no podia calar foc a aquella calaixera sense haver-la obert abans. Que allà dins hi havia alguna cosa que m'ajudaria a comprendre millor la mare.

Era de fusta de pi enfosquida. Semblava antiga; crec que era heretada. A poc a poc i procurant no fer gens de soroll —els meus germans eren al pis de baix—, vaig començar pel primer calaix, el de dalt. Hi havia tot de roba ben apilada —no he vist mai una roba tan ben plegada—, unes botes de futbol gairebé per estrenar i unes llibretes amb uns dibuixos molt ben fets. La mare havia guardat la roba del fill mort com si se l'hagués de tornar a posar. Potser ella encara hi sabia notar la seva olor, quan obria aquell calaix. Vaig plorar.

Al calaix de sota de tot vaig trobar-hi uns draps blancs que embolicaven un paquet, com si fos un regal. El vaig obrir. Era un llibre petit, de color verd i amb una enquadernació casolana. A la coberta hi havia gravat un títol i el nom de l'autora: «Sempre estaràs amb nosaltres», Walkiria Masafrets i Bas.

Em vaig passar moltes hores llegint-lo. Era ben fosc quan vaig tancar-ne l'última pàgina.

A les mans tenia uns fulls escrits per una dona que ho havia perdut tot. La narració era precisa, les paraules estaven plenes d'amor i d'una tristesa infinita, ofegadora. Feia por la solitud que s'hi respirava. Per mi serà sempre el llibre més important que he llegit mai, perquè a dins hi ha escrites les meves arrels. El dolor d'on vinc. El dolor que la meva mare va tenir l'esma, malgrat tot, de convertir en paraules.

Un dietari escrit durant tres anys, des del dia que va morir el fill fins al dia que ella va deixar de plorar.

La mare s'havia fet enquadernar tots aquells fulls que havia escrit durant tres anys de plor desconsolat. A dins d'aquelles pàgines confessava que escriure l'havia ajudat molt. Que l'havia salvat de la desesperació.

Mentre llegia vaig entendre els ulls tristos que sempre havia vist als pares; els vaig posar paraules.

Vaig comprendre, i això em va fer mal, que els pares que jo havia conegut eren uns pares transformats. En aquelles pàgines s'entreveia una manera de ser i de viure que es va acabar per sempre el dia que va morir el meu germà. S'endevinaven uns pares que no eren els que jo havia tingut. Parlaven de moments viscuts i de paraules dites abans de la tragèdia, descrivien una família feliç i molt bromista. La pèrdua de l'Eliseu els havia canviat per sempre.

La mare repetia obsessivament el seu nom: Eliseu, Eliseuet. Cada dues ratlles. Com si intentés esgarrapar-li una última abraçada impossible. Per les paraules que feia servir, vaig intuir que havia assistit a alguna reunió de dol. Compartir el dolor amb altres famílies segurament els ajudava a asserenar-se, però quan tornaven a casa queien desplomats. Es podia palpar entre línies la lluita del pare i la mare per no caure al pou de la desolació i com s'esforçaven per intentar donar vida i felicitat a en Daniel. El dolor m'ofega quan llegeixo com la mare explica que, les fredes nits d'hivern, no pot dormir imaginant-se el seu fill sol al cementiri i sense poder-lo abrigar.

De fet, la preocupació de la mare té la seva lògica. En vida ho tenim gairebé tot: un llit per descansar, abrics, mantes i calefacció durant l'hivern, o aire condicionat i gelats al congelador a l'estiu. Costa acceptar que els nostres morts ja no necessiten tot això. Potser és més pràctic aprendre a creure en aquella frase: «Passar a millor vida». Si morir-se és passar a millor vida, potser no s'hi està tan malament, a la intempèrie.

Cap al final, a les últimes pàgines, vaig tenir el consol de llegir que la mort de l'Eliseu els havia ensenyat a tots dos a estimar més la vida. Aquest esforç titànic per superar el cop els converteix en herois. A ells i a tots els pares que continuen respirant després de la mort d'un fill.

Llegir aquestes pàgines de la mare em va ajudar a entendre que jo vaig tenir uns pares que no venien de sèrie. I això no és fàcil d'assimilar. Aquell llibre de tapes verdes per mi és un tresor, un tresor dolorós.

Un cop vaig haver acabat, el vaig tornar a embolicar i el vaig tornar a desar a la calaixera sense fer soroll. M'havia saltat olímpicament les ordres de la mare. «No obriu la calaixera».

«Ho sento, mare, ho havia de fer per estimar-te i admirar-te més. Però no pateixis, compliré el teu desig i cremarem la calaixera amb tot el que hi ha dins», li vaig dir mentre tornava a tancar el calaix amb clau.

Com que s'acostava la revetlla de Sant Joan, entre els germans vam acordar que la nit màgica la tiraríem a la foguera del barri. Havíem de portar la calaixera a la foguera ben d'hora, abans que els veïns l'encenguessin. Però em van trucar de la tele per demanar-me si podia anar a cobrir les rodes informatives del canal 3/24.

Hi vaig anar, és clar. Vaig estar des del migdia fins a les vuit del vespre explicant totes les notícies del dia, entre les quals destacava el col·lapse monumental a les rondes de Barcelona. Tots els conductors volien sortir de la ciutat per anar a la costa a celebrar la revetlla. Quan vaig plegar, nerviós perquè sabia que havíem de cremar la calaixera, vaig agafar el cotxe i, com un ruc, em vaig sumar a les llargues cues. De Sant Joan Despí a Mataró, normalment, amb uns quaranta minuts en tinc prou. Aquell dia vaig trigar més de quatre hores a arribar a casa. Els meus germans m'esperaven estoicament. Quan vam arribar tots tres a la plaça amb la calaixera, del foc de Sant Joan només en quedaven les brases.

Conjurats a complir amb els desitjos de la mare, i sense perdre la fe, vam posar la calaixera a les brases i, com que la fusta era vella i estava molt seca, al cap d'una estona va acabar encenent-se. Amb aquella flamarada es complien les últimes voluntats de la mare, però només en part. Jo l'havia tornat a trair. A casa, a la meva tauleta de nit, ben preservat del foc i de la destrucció, hi havia amagat el seu llibre.

Aquelles pàgines eren el nostre patrimoni familiar, el que ens havia configurat a tots tal com som. No el podia cremar! Sé que la mare m'ho perdona, o potser només me'n vull convèncer per justificar-me. Tant se val. Les seves pàgines són també el meu passat i el de tots els que vam haver d'aprendre a viure entre aquella desolació.

La petició de cremar la calaixera, si ho recordeu, era només una de les tres coses que ens havia encomanat la mare abans de morir. N'hi havia dues més, i eren molt importants: volia que l'enterressin amb el seu fill, l'Eliseu, i que no poséssim cap creu ni a la caixa ni al nínxol.

Hi va insistir moltíssim, en aquestes dues voluntats. Jo sempre em deia per dins que no calia que ho repetís tantes vegades, que eren dos desitjos ben fàcils de complir. Doncs bé, resulta que, quan va arribar l'hora, no hi va haver manera.

Amb la qüestió de la creu va passar això: a casa hi havia dues maneres de pensar. La mare havia heretat els ideals del seu pare, el meu avi, en Llorenç Masafrets, un lliurepensador que fins i tot havia pagat amb la presó la seva gosadia. La família del meu pare, en canvi, era de tradició catòlica.

Abans de tenir fills van acordar que el respecte entre tots dos era bàsic i van fer un pacte. L'educació dels fills sempre seria laica, i només ens batejarien per si, en un futur, volíem ser creients. Arribar a aquest acord no devia ser fàcil, per al meu pare. La mare era dura. Va ser feminista i va lluitar per la llibertat en una època en què no era fàcil ni freqüent, i menys tractant-se d'una dona que no pertanyia als cercles intel·lectuals. Sempre m'explicava que quan anava al ball i apareixia algun borinot que s'arrambava més del compte o tenia la mà massa llarga, ella no dubtava a practicar una maniobra definitiva amb el genoll. Aquest ja no se li tornava a acostar mai més. Si el que volia ballar era respectuós amb ella però no li feia el pes, tenia una altra tàctica que funcionava igual de bé: li deia a cau d'orella: «No crec en Déu». Tots van marxar menys el meu pare, que no tenia les mans llargues i quan va saber que no era catòlica, va pensar que ell tampoc era perfecte.

A casa en tot moment va haver-hi el màxim respecte tant per la laïcitat de la mare com pel catolicisme del pare. Ell sempre va dir que volia missa al seu enterrament; i la mare, que volia un funeral ben lluny de les esglésies.

La mare va complir amb la voluntat del pare i es va assegurar que tingués un comiat ben catòlic. Quan li va arribar l'hora a ella, les circumstàncies es van conjurar perquè no poguéssim fer el mateix per ella. La raó és ben prosaica i fàcil d'entendre: el meu pare havia mort feia només quatre mesos. Lògicament, l'havíem enterrat al 301, al nínxol familiar on feia anys hi havien deixat el meu germà. I, és clar, quatre mesos després, la llei no permetia obrir la sepultura per posar-hi la mare, tal com ella havia demanat. Estic segur que si el pare ho hagués sabut, li hauria cedit gentilment el lloc.

Han de passar dos o tres anys — la xifra varia segons el cementiri— des de la darrera inhumació. I fins a cinc anys si la mort s'ha produït per causes que poden representar un perill sanitari. El cas va ser que la meva mare no va poder descansar amb el seu fill ni amb el seu marit. Quina ironia més bèstia! El seu màxim desig, reposar tota l'eternitat al costat del seu fill, doncs no va ser possible. La vida va ser cruel amb la dolça Walkiria, fins i tot després de morta. I quan hi penso, per més que em digui que ella no ho va saber mai, encara sento una fiblada al cor.

Què vam fer amb el cos de la mare? Doncs la vam enterrar al nínxol dels meus avis paterns. És a dir, a la banda catòlica de la família. Amb els sogres. I, com és lògic, al marbre del nínxol hi ha una creu immensa de ferro platejat acompanyada d'unes lletres ben grans i molt separades entre elles on hi diu: «Família Peran Díaz».

Aquell dia trist, una colla de familiars i amics propers —devíem ser una quarantena de persones— vam contemplar en silenci com els dos paletes precintaven el nínxol amb una mica de ciment. Sort que la mateixa tristesa i les llàgrimes no ens deixaven sentir bé els comentaris que anaven fent en veu baixa els dos operaris. Que si porta més ciment, que si no ens està quedant prou compacta la làpida i quedarà mal segellada... Tot molt professional, però, és clar, a qui estaven tancant per sempre allà dins era a la mare.

Mentre ells anaven tapant escletxes, sonava una versió de la cançó «Tears in heaven» d'Eric Clapton que dos amics, en Manel i la Francina, havien versionat per a la meva mare. La feina gairebé estava enllestida, només faltava posar el marbre i fixar-lo amb una mica de calç.

Després d'això, van segellar el vidre que blindava per sempre la mare. Mentre sonaven les últimes notes del tema de Clapton, jo no podia apartar els ulls d'aquella maleïda creu. Només sentia per dins la veu de la mare: «Sobretot, el dia que em mori, cap creu». Quan va callar la música es va fer un silenci sepulcral. En aquest cas, literalment. Costava empassar-se la saliva. I, de cop, quan els paletes ja marxaven, va i cau la creu! Va picar contra el vidre que cobria el nínxol i el va trencar en mil bocins. Ens va semblar que la mare es revelava des del més enllà. En realitat va ser com un alliberament. La mare ho havia aconseguit. Gairebé vaig sentir com remugava: «Si vols estar ben servit, fes-te tu mateix el llit». La família Masafrets, la part de la família laica, vam somriure amb els ulls plens de llàgrimes. Per contra, la part de la família Peran, els catòlics, també plorosos, es van ruboritzar. El cert, però, és que al cap de pocs dies hi havia un vidre nou i la creu tornava a ser allà. Són coses que passen quan no reposes eternament a casa teva.

La mare va estar tres anys enterrada en aquell nínxol, al costat de la creu i lluny del seu fill. No sé si ella va poder-hi descansar gaire, però us puc assegurar que jo no vaig descansar fins que van complir-se els tres anys i la vam poder enterrar per sempre més amb les restes del seu fill i el seu marit.

Ara que han passat els anys, puc recordar aquella escena amb un somriure. Les coses s'esdevenen com s'esdevenen, però allò va ser sonat. Podia haver caigut qualsevol de les setze lletres que hi havia enganxades al marbre —FAMÍLIA PERAN DÍAZ—, però no, va voler caure la creu.

Fantasmes

Somicant, somicant,
contra un allau de flors.
No pots cridar, doncs et sents ben flac, avui.
Ja no ets un llosc xiprer de pas,
ets un gandul en penombra,
un epitafi en blanc.

ADRIÀ PUNTÍ, «El boulevard dels xiprers»

Quan van morir els pares, la casa familiar va quedar de cop sumida en un silenci espès. Tots tres germans teníem ja el nostre niu, i abans no vam decidir què en fèiem, de la casa de la nostra infantesa i de tots els records que hi havia a dins, aquelles quatre parets es van convertir per a tots tres en una mena de santuari secret. Teníem el dol tan recent que no ens vèiem amb cor de prendre decisions ràpides. Era com si a través de la casa, dels seus objectes, els recuperéssim a ells.

I llavors, en les meves visites solitàries a casa els pares, vaig començar a buscar desesperadament maneres de connectar amb la mare. Si les aparicions existeixen, estic convençut que tots els morts s'han reunit per pactar que a mi no se'm mostraran mai, perquè saben que em moriria a l'acte de l'ensurt que m'emportaria; soc molt poruc, amb aquestes coses del més enllà. Però, malgrat això, així van anar els fets.

He escrit «santuari secret» a consciència, perquè anys després els germans ens vam confessar que durant un temps hi anàvem sense dir-nos-ho. No hi vam coincidir mai. L'excusa era regar les plantes i donar menjar a en Boira. Així, en masculí. En Boira era un gat d'angora i un més de la família. Després de la mort dels pares, es va quedar sol a la casa. Crec que els meus germans i jo vam anar tants cops a regar i a donar menjar al gat que la pobra bèstia va acabar emmalaltint d'afartament i les plantes van morir ofegades. Resulta que molts dies, en hores diferents, hi desfilàvem tots tres germans i repetíem els mateixos gestos. I, és clar, la cosa no va acabar bé.

Un vespre vaig anar-hi i, com de costum, vaig regar i vaig donar menjar al gat. Llavors, de sobte, em vaig desplomar al mig del menjador. Em vaig deixar caure a terra, abatut, i vaig començar a plorar desconsoladament.

Quan ho va veure, en Boira se'm va acostar amb una delicadesa gairebé poètica, va allargar la poteta i tres vegades, ho recordo perfectament, em va acariciar la galta. Vaig interpretar el gest com una manifestació de l'esperit de la meva mare a través del gat, talment a l'estil de *Ghost*. L'endemà, em va faltar temps per tornar a anar-hi i intentar repetir la vivència del dia anterior. Tenia l'esperança que el gat digués alguna paraula més enllà del típic «meu» de sempre. Vaig anar directe al menjador, vaig deixar-me caure a terra intentant que quedés tan natural com el dia abans, i vaig forçar dues llàgrimes. Ara només havia d'esperar que arribés en Boira.

Res. L'animal va continuar escarxofat al balancí, crec que dormia. Dissimuladament, m'hi vaig anar acostant. Quan ja pràcticament el tocava amb la galta, es va girar en un rampell i em va esgarrapar amb tan mala bava que encara tinc un senyal a la cara. Aquell dia vaig entendre que els morts, si et volen fer una visita, trien ells l'hora i el dia. No és l'agenda dels vius, qui ho decideix.

Nínxol 301

Que les pors que avui ens castiguen
ens fan forts pel que vingui demà.
Una llàgrima vol esclatar,
t'he trobat a faltar,
t'he trobat a faltar.

Buhos, «T'he trobat a faltar»

El dia que vam enterrar el meu pare va ser el primer cop que vaig veure obert el nínxol 301. Aquella sepultura sempre havia estat tancada, neta i amb la foto del meu germà, i ara els paletes n'havien tret el marbre i els quatre maons. Tot el misteri quedava al descobert.

Després d'haver passat allà hores i hores de la meva infància, amb el pare traient-ne la pols delicadament i posant-hi flors, ara m'adonava que estava a punt de saber què s'amagava allà dins. Sense dir-nos res, el meu nebot Alguer i jo ens vam trobar explorant amb la mirada aquell forat profund i fosc. No sé si us ha passat mai, això d'estar en un cementiri i aturar-vos davant un nínxol buit per mirar a dins. Jo ho he fet moltes vegades. Fins i tot m'he imaginat a mi mateix vivint-hi eternament. Però aquell dia era diferent, ploràvem per la mort del pare. Era evident que l'Alguer —el fill del meu germà Daniel, que havia viscut moltes hores a casa— i jo volíem veure d'una punyetera vegada aquell nen que tant ens havia acompanyat sense haver-lo vist mai. Aquell nen a qui tantes paraules boniques dedicaven els pares i que, en canvi, els havia fet vessar tantes llàgrimes. Era com si t'haguessin explicat un conte mil vegades i de cop se't presentés la possibilitat de saludar-ne el personatge principal. Però la fantasia va durar poc i ens vam quedar amb un pam de nas. L'únic que vam veure va ser una bossa d'escombraries de color negre on els del cementiri havien ficat les poques restes que quedaven de l'Eliseuet. Era una qüestió d'optimitzar la «finca» per fer-hi cabre la caixa del meu pare. El nou inquilí sempre té privilegis respecte al veterà que fa temps que hi és.

Al meu pare sempre li havia sentit dir que els meus germans i jo érem uns totxos. Qualsevol venedor d'enciclopèdies que trucava a la porta de casa triomfava: el pare les comprava totes. El menjador era com una biblioteca d'enciclopèdies de qualsevol tipus de temàtica. Encara avui sento el pare dient-nos: «Sou tots tres uns totxos. L'Eliseuet ja se les hauria llegit senceres. Vosaltres, en canvi, no n'heu obert ni una». «Coi d'Eliseu», pensava jo. Fins que vaig ser gran i em vaig dir: «Home, per molt bon estudiant que fos i per molt que digui el pare, poc temps va tenir per demostrar que era un virtuós de la lectura i un fora de sèrie en els estudis». El repàs de les virtuts del germà mort era com un mantra constant.

La seva absència va distorsionar la imatge que en tenia el pare, la va idealitzar. Encara que sigui molt comprensible, la inseguretat que això em va provocar en els estudis —i sovint en la vida— m'ha marcat. No és un retret, són els efectes colaterals d'una pèrdua insuportable.

Boira

La tarda és més orfe que mai
i el vespre es banya de dol.
La solitud omple l'espai,
com trigarà a sortir el sol,
com trigarà a sortir el sol.

Els Pets, «Sebastià»

Sense pares, el gat i jo vam quedar orfes. Crec que no és exagerat dir-ho així. Els meus germans, en Daniel i la Walkiria, feia anys que havien tingut fills i havien format la seva família; jo no.

Quan perdem els pares, l'arbre familiar queda escapçat i t'envaeix, per primer cop, aquell pensament que... que el següent seràs tu. Crec que si a casa hi ha petits que van creixent, et sents com si les arrels que pugen et falquessin i et donen força per seguir el camí. És com si tinguessis un lloc on sustentar-te, i a mi, en aquell moment, em faltava aquesta crossa. Com que jo no tenia on agafar-me i en Boira, el gat, també havia quedat sol a la casa dels pares, al cap d'un mes vaig decidir portar-lo a viure amb mi.

Els gats són territorials de mena, així que, abans de traslladar-lo a la seva nova llar, vaig fregar el seu coixí de sempre per tots els racons, perquè quan arribés no se sentís com un estrany. Per a la rebuda vaig comprar, també, el millor paté per a gats que hi havia al mercat. Tot va anar com una seda. Van passar els anys i ens vam convertir en imprescindibles l'un per l'altre. Fins que un dia en Boira va deixar de menjar i es va ajaure defallit al seu niu. El veterinari me'l va sentenciar: em va comunicar que tenia un tumor i que li quedaven pocs dies de vida.

En aquella època entrava a treballar a les sis del matí, i recordo que em llevava a les quatre per intentar, com fos, que mengés alguna cosa; no hi havia manera i cada cop estava més afeblit. Era un drama. En Boira va morir al cap de pocs dies.

Han passat molt anys, d'això. No ho saps mai, quan arribarà l'explosió de dolor pels morts i com ajuda a passar-ho poder compartir la tristesa. Soc de plorar poc, per no dir gens. És un dels grans problemes que tinc, no sé buidar. Però aquella mort em va fer treure totes les llàgrimes que hi havia al dipòsit de l'ànima. No he pogut tornar a tenir un gat mai més. No he plorat mai tant com per la mort d'en Boira. Va ser com si la seva absència desfermés el dolor de les pèrdues passades, una mena de desembós emocional.

II

Enraonar per entendre

Treseta

Vell és tan bell,
vell és tan bell
que s'obren els límits
del temps, de l'art, del cant, de mi i,
[de tu, del món... la vida.

LLUÍS LLACH, «Vell és tan bell»

Vaig decidir començar aquest llibre sobre la mort a Lladorre. És un poblet del Pallars Sobirà i una bona amiga, la Núria Vidal, hi té una casa. Me la va deixar i m'hi vaig tancar a escriure. Així que hi vaig arribar, vaig adonar-me que haver escollit Lladorre tenia tot el sentit.

La família de la Núria sempre ha estat vinculada a Lladorre. Ara fa uns anys el seu pare, en Joan, va morir sobtadament. Havia deixat dit que volia que l'enterressin allà. Amb presses, i sense poder fer gaires preparatius —com passa sempre en aquestes circumstàncies—, es va organitzar el comiat. Recordo que amb un grup d'amics vam omplir un cotxe i vam enfilar carretera amunt des de Mataró.

Vam fer el camí en silenci. El pare de la nostra amiga era

massa jove i ella estava tan afectada que ens sentíem consternats. Era hivern i el paisatge oferia una imatge de fi del món. Unes muntanyes que els faltava poc per tocar el cel i una carretera estreta que semblava que demanés permís a la natura per anar-la resseguint. La vall de Cardós està esquitxada de pobles molt semblants entre ells. Les teulades se sobreposaven les unes amb les altres per guardar-se del fred i les petites xemeneies no paraven de fumejar i et feien sentir com passava el temps per als que s'hi s'aixoplugaven dins.

Després de quatre hores de viatge, un petit cartell ens va anunciar que havíem arribat a Lladorre. Al cap de poc vèiem la punta del vell campanar i totes les cases, poques. De seguida es va perfilar un turó i l'església sencera. Tot plegat tenia un to gris i antic, molt antic. Només el blanc de la neu als pics de les muntanyes trencava aquell gris uniforme. Vam presenciar com pel camí que pujava a l'església s'hi enfilava a poc a poc el cotxe funerari que duia en Joan a dins. Vam acostar-nos-hi i vam donar el condol a la família. El capellà de la vall va dir la missa davant d'una cinquantena de persones a tot estirar. Encara quedava algun banc buit.

Des d'aquell dia he tornat unes quantes vegades a Lladorre. Fins i tot em sento amic d'alguns dels poc més de setze habitants que s'hi estan tot l'any. La Treseta hi ha viscut tota la vida; en deu tenir uns vuitanta. Els seus fills, ara ja grans, van abandonar aquest indret per fer la seva vida lluny, tot i que pugen a veure-la molt sovint.

En una d'aquestes visites meves, la Treseta em va explicar

que al seu marit, en Cinto, a qui jo encara no coneixia, li havien diagnosticat un càncer en estat molt avançat. En Cinto sabia que jo era al poble i la Treseta, mig avergonyida, em va dir que a l'home li faria gràcia coneixe'm. Es veu que no es perdia cap programa del concurs *Bocamoll*, que en aquell moment presentava cada vespre a TV3. Evidentment, no vaig dubtar d'entrar a la casa. Quatre galetes, una mica de ratafia i licor de gerds casolà van servir-nos per parlar de la vida que, per ell, ja s'acabava. En Cinto sabia que tot estava dat i beneït. El més important per a mi va ser sentir com encarava la mort. S'expressava amb la saviesa de qui està al corrent que no li queda gaire i no té por de dir les coses pel seu nom. Pronunciava poques paraules, però les justes per fer-se entendre a la primera. En Cinto venia a explicar que la ràbia per la malaltia no havia d'eclipsar la riquesa de tots els moments viscuts. Al seu costat, la Treseta se'l mirava trista, amb la certesa que la vida s'escapava sense que ella ho pogués evitar.

Mesos més tard, la Núria em va trucar per fer-me saber que en Cinto s'havia mort. Vaig trucar a la Treseta. La seva veu apagada i fosca em va deixar intuir les llàgrimes que s'esforçava a dissimular.

Em va agrair mil vegades el gest d'haver estat al seu costat, i quan vaig preguntar com afrontava aquell moment, no va parar de repetir-me que el dia del funeral tothom li deia coses, però ara, uns quants dies després, es trobava ben sola malgrat el suport dels fills.

No ha estat fins mig any després d'aquella conversa que

he tornat a Lladorre per escriure una part d'aquest llibre. I la primera persona que em trobo és la Treseta.

La veig de lluny. Talla llenya a cop lent, es prepara per superar un nou hivern. Em veu i, mentre ens acostem l'un a l'altra, em fixo en la seva mirada: aquells ulls tirant a blau i un somriure que s'encomana. La Treseta és gran, però té una vitalitat i una energia envejables.

Porta un jersei de coll rodó negre, una camisa fosca cordada fins a l'últim botó, pantalons amples i unes sabates de color negre. Quan li pregunto si va de dol em diu que sí, que la gent de poble conserva velles tradicions que els de ciutat ja hem perdut. El fet d'anar de negre és una mostra de respecte cap al difunt, em diu la Treseta.

Anar de dol, una pràctica que ve de lluny i que hem perdut. Manifestar el dol a través del vestuari era una manera de fer homenatge al difunt, però també un codi de comunicació no verbal. Era com dir sense paraules «estic trist». Segurament, el fet de compartir el desconsol et feia sentir més acompanyat i cuidat. A vegades em pregunto si no ens faria bé recuperar el costum. Per què volem oblidar ràpid els morts? Tanta feina tenim? Per què volem viure sense mostrar el patiment? Per què vivim en la dictadura del ser feliç o fer-ho veure?

Crec que actualment no parem de reprimir-nos moltes emocions per por de mostrar les nostres febleses. La tristesa, és cert, és incòmoda. Manifestar el dol amb roba negra, avui en dia, sembla fora de lloc. Si darrerament heu anat a algun funeral, us deveu haver fixat també que, sovint, alguns dels familiars més directes del difunt van vestits amb colors força llampants. El negre ja no és un codi social. Però, no fa tants anys, no vestir amb aquest color podia arribar a ser una falta de respecte cap al difunt. La vídua que no complia amb el protocol podia ser titllada de fresca. Ara res de tot això té sentit. Aquest antic hàbit ha quedat caduc, i segurament ja està bé que els nets i les netes del mort vagin amb pantalons curts i xancletes. Potser és un senyal que volem agafar-nos la mort amb naturalitat, sense dotar-la de cap codi especial. Però deixeu-me observar també que, curiosament, els casaments s'han salvat d'aquesta crema i, cada cop més, els nuvis demanen recuperar les tradicions i els protocols d'abans.

No reivindico vestir-nos de negre altre cop. Però sí que potser fora bo actualitzar rituals que s'han perdut.

En el fons, sabem que tard o d'hora la mort ens atraparà. Molts opten per fer veure que no ho saben i que ja ho afrontaran quan arribi. Molta gent creu que no cal avançar esdeveniments, i menys si són tan tristos. Per tant, manta al cap i res de pensar en un dels moments més transcendentals de la vida.

El que està clar és que a les velles tradicions de la mort tampoc els hem buscat una alternativa, i no inventar-ne de noves potser implica més renúncies de les que ens pensem. Crec que l'únic que hem fet és eliminar-les, i que això encara ha ajudat a fer més gran el tabú.

Amb el pas dels anys i els canvis culturals hem girat l'esquena a la mort, sense adonar-nos que així fem més complicada la vida. Fet i fet, aquest és el moment culminant de la nostra existència, i ara resulta que evitem viure'l a consciència. Potser els avenços bestials que ha aconseguit la humanitat en medicina i tants àmbits més ens han deixat sense entrenament.

En els últims funerals on he anat he vist que s'està convertint en una «moda» aplaudir al final, com si la vida i la mort fossin un espectacle. Potser el silenci és la millor companyia i la millor mostra de respecte davant el silenci ja definitiu del mort. O potser no... Això em fa pensar que l'aplaudiment que fem al funeral és com un acte reflex, com un voler alguna cosa col·lectivament. Una manera d'unir-nos en una acció conjunta per una raó única. Som allà pel mateix i ho simbolitzem amb l'aplaudiment, un acte que, a més d'unir-nos, esdevé un homenatge a qui ens ha deixat. Però crec que també aplaudim perquè segurament estem orfes de recursos davant d'aquestes situacions, i picar de mans és cohesió i unió d'un grup que s'ha reunit per una finalitat compartida. Tenim ganes de reaccionar, no sabem què carai fer, i aplaudim. Això em recorda quan els avions aterren i els passatgers també aplaudeixen. En realitat voldríem abraçar el pilot i cridar «Ens has salvat!», però, com que estem lligats, ho celebrem amb les mans en un acte de triomf conjunt.

El Ghat

Each day just goes so fast
I turn around, it's past
You don't get time to hang a sign on me
Love me while you can
Before I'm a dead old man
A life-time is so short
A new one can't be bought[1]

The Beatles, «Love You To»

M'agrada molt viatjar pel món, però hi ha dos llocs que m'han sacsejat especialment per tot el que té a veure amb la mort: són l'Índia i l'Àfrica.

La religió, els costums i la idea d'una eventual reencarnació fan que la mort sigui vista d'una manera molt diferent que aquí. Però el que més em va impactar va ser la presència de la mort en el dia a dia.

1. Els dies transcorren a tanta velocitat / que em giro i ja són del passat. / Ni tan sols tens temps de deixar-me etiquetat. / Estima'm mentre puguis, / abans no m'hagi fet massa gran. / La vida és una cosa tan efímera / que no se'n pot comprar una de nova.

A l'Índia, aquesta vegada volia anar al nord del país a visitar Benarés, la ciutat sagrada. Hi vaig anar amb una de les millors guies i companya, l'Olga Inglès. Al volant, com sempre que he viatjat a aquella zona, en Ravi, que s'ha convertit en el conductor imprescindible per circular amb la seva supermototaxi. Malgrat que no hem tingut un accident de trànsit, he de dir que entre aquelles normes de circulació —caòtiques als ulls dels forasters—, la música hindú que sempre posa a tot drap, les mil banderetes mal lligades i els tres-cents déus que porta penjats al vidre del davant, encara no entenc com seguim vius.

Tan bon punt vam arribar a Benarés vam anar directament al gran crematori a l'aire lliure, visitable i molt conegut per tothom: el Ghat Manikarnika. Els hindús són cremats i les seves cendres, abocades al riu Ganges, que passa just per allà davant.

Tant el ritual de cremació com l'acte de dipositar les cendres a les aigües sagrades del riu tenen una finalitat purificadora que ha d'ajudar l'ànima a alliberar-se dels cicles de la reencarnació.

Segons l'hinduisme, morim i naixem de nou per després tornar a morir i tornar a néixer. En cada naixement l'ànima individual es perfecciona o es degrada. És com una cursa en què es guanyen o es perden posicions. L'objectiu final és transcendir en aquesta roda de morts i naixements tot assolint, així, l'alliberació. És el retorn a l'origen diví.

En l'imaginari hindú, l'aigua i els rius han ocupat sempre un lloc molt especial com a font de vida i purificació. D'entre tots, el riu sagrat per excel·lència és el Ganges. L'origen del riu es troba a l'Himàlaia. Té un recorregut de més de 2.500 quilòmetres i desemboca al golf de Bengala. És la mare Ganges, també coneguda com «Ganga Mata». Es creu que quan un hindú es banya a les seves aigües recupera la puresa original i, com us deia abans, guanya posicions en aquesta cursa espiritual cap a l'alliberació.

No és d'estranyar, doncs, que molts indis vagin a morir a Benarés. Molts moribunds viatgen fins a aquest indret a passar-hi els últims dies per tal que, quan es morin, un cop els hagin cremat, les seves cendres siguin dipositades al bressol purificador de les aigües sagrades del Ganges.

També em va cridar l'atenció la importància que té la llenya que es fa servir per encendre les pires de foc on cremen els morts. Si el teu poder adquisitiu t'ho permet, et podràs pagar la llenya. Si no, hauràs de demanar almoina per comprar la fusta amb què cremaran el teu cos. Si a casa nostra hem de triar tipus de taüt, material, disseny i preu, a l'Índia també cal decidir entre diferents opcions, a l'hora d'escollir la llenya que s'utilitzarà a la pira. La fusta de sàndal és la de millor qualitat. Fa més bona olor i per tant és la més cara. És la que fan servir majoritàriament les famílies de les castes més altes.

No tots els morts són cremats i després llençats al Ganges. Les dones embarassades, les criatures menors de dotze anys, els bramans —els membres de la casta sacerdotal a la societat hindú— i les vaques —considerades sagrades— es tiren al riu sense cremar. Creuen que les seves ànimes ja són pures. Com us podeu imaginar, no és insòlit estar a la vora del riu i veure surar alguna cosa aigües avall.

Es podrien omplir moltes pàgines explicant el simbolisme que envolta aquest riu. El Ganges és el lloc on transcorre la vida per a milions d'habitants de l'Índia. Si hi viatgeu, us sorprendrà veure com la mort i la vida conviuen a tocar de l'aigua. Tothom es banya al riu. S'hi renten les dents, la roba, fan pregàries i ofrenes, i també hi pesquen. Al voltant, les flames de les pires funeràries s'alcen camí del cel.

A primera vista, la naturalitat que envolta el ritual funerari en aquest país és desconcertant als nostres ulls. Tot sembla tenir un aire solemne, pausat, estranyament orfe de dramatisme. Però només és la percepció que té un observador aliè als misteris d'una cultura que no coneix. Com és habitual, tot és més complex del que sembla.

Aquella tarda, després de visitar el crematori Ghat, vam voler tornar a la pensió on ens allotjàvem. En Ravi ens esperava impassible allà on l'havíem deixat al matí. Mentre sonava la mateixa cançó per enèsima vegada, amb el seu cos fibrat va posar en marxa el mototaxi i vam començar a circular. Va ser l'Olga qui es va fixar que en Ravi anava amb el cap afaitat. Intuïa que tenia alguna cosa a veure amb la mort, però volia saber-ne el motiu exacte. Va tenir feina per poder fer-li la pregunta, perquè en Ravi no parava de fer sonar el clàxon per indicar qualsevol canvi de moviment a la resta de conductors. Quan finalment l'Olga es va poder fer sentir, en Ravi ens ho va explicar amb molt de gust. Se li notava que tenia ganes de parlar-ne: feia només tres mesos que havia incinerat el seu pare, per això s'havia afaitat el cap.

Sense aturar el vehicle, en Ravi ens va fer conèixer el seu dol més íntim i ens va ajudar a entendre una mica millor com viuen el comiat.

Ens va relatar que, a les cases, les dones ploren intensament la mort de l'ésser estimat. Les mostres de dolor són de portes endins, al lloc on amb cura i tristesa preparen les despulles del difunt que aviat seran traslladades al crematori. Allà elles ja no hi seran. Es creu que amb els seus plors podrien alterar el ritual i entorpir el pas posterior de l'ànima del mort. Seran els homes de la família els encarregats de la resta del procés, especialment el fill gran, que té la missió de fer de mestre de cerimònies.

Uns dies després de la incineració, la família es banyarà al riu en un acte purificador. A partir d'aquí, els homes s'afaitaran el cap i es vestiran de blanc en senyal de dol. Aquest període durarà un any. És precisament l'etapa que tot just ara comença en Ravi. Tot això ens ho explica mentre seguim en ruta. Un cop arribem al nostre destí, ens acomiadem d'ell. Mentre ens n'allunyem, no puc deixar de fer comparacions. Tot el que he sentit em fa pensar en els nostres avis quan vestien de fosc, de dol. En aquest sentit, no són rituals gaire diferents. Tampoc hi ha gaire diferència en els rols ben marcats que hi havia fa anys entre homes i dones; ells anaven al davant i elles, al final de la processó que feia camí cap a l'església o el cementiri. Elles feien el paper de ploraneres, i la resta quedava en mans dels homes.

Més que els sentiments en si mateixos, la disparitat entre com vivim nosaltres la mort i com ho fan a l'Índia rau en quin és el significat que donem a totes aquestes emocions. En l'hinduisme el sentit del dol i tot el ritual quc l'envolta va dirigit a ajudar l'ésser estimat a aconseguir una nova vida, més propera a l'alliberació final. I sembla ser que per aconseguir-ho el dramatisme no és un bon aliat.

I és que a l'Índia la vida i la mort no són dues cares d'una mateixa moneda, més aviat són conceptes complementaris.

És en aquesta transició en què el paper cerimonial i de dol de la gent propera al difunt són bàsics per contribuir que la persona que ja no hi és tingui una millor vida en el futur.

Mentre a occident lluitem per intentar canviar el món i fernos-el a mida, l'hindú el respecta i, malgrat tots els entrebancs, s'hi adapta.

Més enllà de l'experiència viscuda, quan marxo d'aquest país tinc la sensació que, per més que m'hi esforci, no aconseguiré comprendre la seva manera de morir, igual que ells tenen dificultats per assimilar la nostra. Morir no és universal, és l'expressió de cada concepció del món, i per això varia d'un lloc a l'altre i d'un temps a l'altre. I el que he après a l'Índia és que a la mort cal mirar-la de cara.

El mort al portal

If there's a light up ahead well brother
[I don't know
But I got this fever burnin' in my soul
So let's take the good times as they go
And I'll meet you further on up the road.[2]

Bruce Springsteen,
«Further On (Up The Road)»

Explicar la vivència de la mort en el gran continent africà és una cosa que no està, ni de bon tros, al meu abast. La riquesa ètnica, cultural i religiosa que trobem a l'Àfrica és tan immensa com ho són també les formes d'afrontar la pèrdua d'un ésser estimat. Jo no soc ni antropòleg ni un estudiós, sinó senzillament una persona a qui les morts del seu voltant han despertat la necessitat de donar-hi voltes. Però m'agradaria compartir algunes de les meves observacions i sensacions en una visita que vaig fer a Uganda fa uns anys.

2. Si hi ha llum més endavant, això, germà meu, ho desconec / Tanmateix, una febrada em crema l'ànima / Així que aprofitem els bons moments quan ens arribin / I et trobaré més endavant, al cap del camí.

Quan circules un diumenge per les carreteres, és habitual trobar-hi més gent a peu que no pas en vehicle. És un no parar de veure famílies senceres engalanades amb les seves millors vestimentes camí de l'església, ja sigui anglicana, catòlica o protestant. Això sense oblidar, és clar, el gran flux de musulmans que assisteixen diàriament a les mesquites. Però, malgrat que aquestes noves religions hagin guanyat terreny, és fàcil entreveure que les creences i pràctiques ancestrals segueixen molt arrelades a la vida quotidiana. Per ells és tan habitual acudir a l'església com anar a veure el bruixot. Quan algú afronta un moment complicat o una malaltia, tant si resa com si no resa per curar-se —i independentment d'encomanar-se al déu que vulgui—, gairebé sempre fa alguna visita al bruixot, que es comunicarà amb els ancestres i provarà de discernir quin és el mal que pateix el pacient.

En algunes zones de l'Àfrica un té la sensació que els morts estan molt vius. Hi ha un vincle molt estret entre el món dels morts i el món dels vius, i això es veu en els rituals funeraris i fins i tot en el dia a dia dels vius. En algunes cultures, quan mor algú de la comunitat, es beu i es fa festa per enfortir aquests llaços amb el difunt i després es continua bevent per tenir coratge per seguir vivint. En algunes tribus, durant l'enterrament, una persona de la família es vesteix com el difunt i fins i tot parla com ell —és a dir, el fa present, com si encara fos un membre més dels vius.

Tots tenim presents les màscares africanes que tant van interessar Picasso pel seu art i les seves expressions, però no pel que representaven religiosament i culturalment. El fet és que tenen una càrrega molt important en les cerimònies rituals. Els qui les porten busquen reencarnar els esperits dels ancestres, els avantpassats que d'alguna manera protegeixen el grup.

S'espera que als funerals hi assisteixin tots els membres de la família; generalment la celebració té lloc a la casa del difunt, on s'ofereix un banquet als assistents. Com que és un dispendi que no està a l'abast de tothom, la tradició dicta que familiars i amics facin una donació per contribuir amb les despeses. Fins i tot si no hi poden assistir.

Em va sorprendre veure que en algunes cases, just al costat de la porta d'entrada, al jardí, hi ha una o dues tombes on estan enterrats els difunts dels propietaris. Una mena de cementiri particular a tocar de casa. Els vius se'ls troben cada cop que entren i surten. Conviuen amb la presència dels seus morts en tot allò que fan. Suposo que fins i tot els saluden amb la major naturalitat: «Fins ara, mare, no et penso dir on vaig!».

Potser no està tan lluny del que veiem en alguns pobles del Pirineu, en què els morts estan enterrats frec a frec de les parets de l'església romànica i la gent passa pel seu costat sempre que va a missa —diumenge a diumenge, si no és que hi va diàriament—. Segur que aquesta convivència fa que els tinguin presents pràcticament també cada vegada que surten de casa.

Recordo una escena en un poblet d'Uganda, proper a les fonts del Nil. Ens passejàvem de la mà d'un guia local entre unes cabanes de tova llisa i polida. A banda i banda, petits cultius de vainilla, cafè i hortalisses vàries. Mentrestant escoltàvem amb atenció les explicacions del nostre guia: els tipus de conreu, com era l'especialitat gastronòmica d'aquella gent —feta a base d'una massa de plàtan mascle, salsa de cacauet i no em feu dir què més—, quan, de sobte, es va aturar davant d'una de les cases i ens va dir que l'home d'aquella família havia mort feia pocs dies. A dins hi havia la viuda, que havia de passar quaranta dies tancada sense veure ningú. El primer pensament que vaig tenir va ser que era una manera com una altra d'afrontar el dol, però m'equivocava. Quan es mor el marit, les dones no poden tenir contacte amb ningú. Així, si resulta que la dona està embarassada, poden saber del cert que el fill és del marit difunt, i no d'una relació posterior. És evident que els tests d'ADN no estan a l'ordre del dia, a les zones rurals d'Uganda. Tot plegat mostra la importància del llinatge en les societats africanes. Les aliances entre clans han mogut aquest continent generació rere generació.

A l'Àfrica, la família i el clan estan per sobre de tot. En l'organització social, formar part d'un grup és bàsic i indispensable. El que uneix el clan és un ancestre comú. Per això s'entén que l'essència aglutinadora dels vius, el lligam moral que manté el grup, siguin els morts. I per força han de participar activament en la vida de la comunitat. La missió dels morts és protegir els vius.

Per tant, la mort és un estadi més dins el cicle de la vida. Potser el cos ja no hi és, però el difunt segueix present entre els vius, s'hi relaciona, interactua i n'és part important. El dramatisme deixa de tenir sentit.

Crec que conèixer la mort d'altres llocs del món és també una manera d'entendre una mica més la nostra mort i la dels que ens envolten. Tots tenim alguna referència de com es viu la mort a Mèxic, amb colors ben vius, les cases decorades i festes al carrer. Al cementiri hi ha una vitalitat que em té fascinat. Em meravella veure com les famílies es reuneixen en aquest espai, cada una amb el seu difunt, i fan un pícnic al voltant de la tomba. Serveix per compartir i recordar en comunitat aquell que ens ha deixat. A Mèxic, el Dia dels Morts és una festa nacional i tothom l'espera amb ànsia per anar al cementiri. La mort com a festa.

Cada món, cada manera de fer, és un mirall que ens ensenya el que no som i ens serveix per constatar que hi ha tantes maneres de compartir el dolor i de dir l'últim adeu com cultures.

La mort s'afronta diferent a cada lloc, però sempre amb respecte. La mort implica un acte solemne, transcendent, únic. Un esdeveniment social que no passa mai desapercebut. Cap cultura la menysté. Pot intentar tapar-la, però sempre acaba surant. No deixa de ser un mitjà per ajudar-nos a anar-la acceptant-la de mica en mica. Viure-la mentre ets ben viu pot arribar a ser enriquidor, fins i tot. Com una porta que obre camins. La mort, a vegades, va de la mà de l'esperança. A moltes cultures, aquest preparar-se per a la mort dura tota la vida.

Les ploraneres

I després tancar els ulls i sentir el món en calma
i dos ocellets fent piu-piu dalt d'un arbre
havent enllestit un gran epitafi
que arranqui somriures a tots els que passin.

I, a vegades, ens en sortim.
I, a vegades, una tonteria de sobte ens indica que
[ens en sortim.

MANEL, «Captatio benevolentiae»

Heu pensat mai en el vostre enterrament? Segur que els que contesteu que sí us heu preguntat si hi haurà molta gent, si n'hi haurà poca, si... Quin llegat deixarem, què es dirà de nosaltres? Tot forma part de la lluita per la nostra finitud. Ploraran prou la nostra mort?

Fa ben poc, les vetlles a casa, amb el difunt al llit i envoltat de flors, eren el més habitual. Tot ben arreglat i col·locat per rebre la visita d'amics i familiars. Els fotògrafs de pobles i ciutats fins i tot feien l'agost fotografiant el difunt; era un clàssic guardar una última imatge del mort i fer col·lecció d'esqueles.

Les cases es vestien de gala, amb pastetes i begudes, en funció dels recursos de cada família, i la gent hi anava desfilant per donar el condol i fer-la petar. Una mica per fer companyia i una mica per tafaneria, era imprescindible veure el difunt per última vegada.

És clar que potser tampoc és tan diferent del que fem ara: sovint, als tanatoris, la funció dels treballadors és fer abaixar la veu als presents quan la conversa s'anima tant que podria molestar el mort de la sala del costat i qui el vetlla.

També és molt d'abans i encara ara perdura allò tan important —tant per als que marxen com per als que es queden— de sentir que formem part d'una comunitat. Necessitem sentir-nos estimats i valorats.

A l'antic Egipte, quan s'acompanyava el difunt cap a la tomba, si tenies diners per pagar-les, podies contractar ploraneres. Era la manera de representar i fer visible la importància de la pèrdua. Amb un plor entregat, estirant-se els cabells i, si calia, rebolcant-se per terra de tan gran que era la pena.

A Catalunya, fins ben entrat el segle xx, també pagàvem pels serveis de les ploraneres. Trobar dones amb aquesta professió era fàcil a qualsevol punt del país. No fa gaire, a les Garrigues encara hi havia una casa que conservava aquest mal nom: ca la Maria la Ploranera. Una especialista a fer baixar les llàgrimes avall. En les morts de certa categoria econòmica i social era important, igualment, que hi hagués una bona caravana de tartanes amb cavalls fent rua cap a l'església. Com més millor i més es notava l'alta posició social del difunt. I llavors podies dir allò de: «Era tan estimat! La cua arribava a l'altra punta de la plaça. Tothom plorant com una Magdalena!».

Hi havia enterraments de primera, de segona i de tercera categoria. A una persona malgastadora se li deia: «Pocs capellans tindràs, al teu enterrament». El dia del teu últim adeu, aplegar molts cavalls, un bon grapat de capellans i plors a dojo era tot un privilegi, i senyal que havies deixat empremta.

En una visita al Museu de Cal Pauet de les Borges Blanques, en Josep Maria, responsable d'aquest espai i guia de luxe, em va ensenyar un estri fascinant: el plat de dol, que va ser molt utilitzat fins als anys trenta.

Sí, hi havia una vaixella que només es treia quan s'havia mort algú de casa. El plat de dol era de fang vermell, cuit a baixa temperatura i esmaltat. Al centre hi havia gravada la lletra M, ben negra i grossa. La M de mort. El feien servir a les masies i pobles petits per servir el dinar o el sopar als familiars que anaven a donar el condol. En una taula ben parada hi col·locaven el plat i, al costat, els coberts formant una creu. Sopa de pa per començar i de segon costella de porc, conill o xai, però mai pollastre, que era considerat aliment de festa.

Fins a la dècada dels seixanta també era usual fer servir, quan s'escrivia una carta, un paper de dol. Quan moria algú proper i mantenies correspondència amb amics i coneguts, utilitzaves un sobre i un paper amb una franja negra que resseguia tot el marge. Era una manera d'avisar el destinatari que estaves de dol. Era com vestir-se de negre, però per correu.

La Marta Lloret, més coneguda com la caçadora de masies, treballa per posar en valor el patrimoni rural. Entre el munt d'informació que exposa i recopila a través de les xarxes socials, vaig trobar per casualitat un comentari d'una seguidora seva que recordava que als anys seixanta havia vist masies catalanes amb una franja de color gris just a tocar de terra a la paret de la façana. Era la marca dels propietaris per fer saber que en aquella casa s'havia mort algú. A mesura que passaven els anys, aquella franja s'anava repintant cada cop més estreta. Així els que hi arribaven podien mesurar el dolor pel gruix de la ratlla marcada.

Tot plegat mostra que la mort era una exhibició constant. Amb la ratlla a la façana feies saber als altres que estaves passant un moment fràgil.

Amb la vida moderna, totes aquestes maneres de fer les hem anat oblidant. Hem anat amagant cada cop més la mort. La mort i el dolor ja no són tan participats. El dol no es comparteix amb la comunitat. Segurament passa més a les societats capitalistes i individualistes. El cert és que els rituals no deixen de ser la representació dels valors i, si els evitem, potser vol dir que volem evitar la mort. Hem anat bandejant els rituals que acomboiaven els amics i familiars dels difunts com si fossin una nosa inútil i antiquada. I, tan llestos que ens pensem que som, no hem estat capaços d'inventar-ne de nous. Ens hem oblidat d'on venim, ens hem desprès de tot el que ens ajudava a afrontar el dol i ens hem quedat orfes i desvalguts.

Amb el pas dels anys podrem comprovar si hem après o no

alguna cosa de la pandèmia. Quan va començar, especialment aquells tres primers mesos tancats a casa, ens va obligar a aturar-nos sense saber si la fi del món era a tocar. Tot va trontollar. També pels que es creien invencibles. En certa manera ens vam apropar —una mica— a altres cultures en què la mort és ben present —perquè, entre altres coses, no tenen ni els metges ni els hospitals ni les medicines de les societats occidentals. La covid ens va fer veure i viure que en pocs dies tot es podia acabar. Vam tocar la fragilitat de la vida. I, a sobre, amb l'agreujant que no podíem ni abraçar ni acompanyar ni enterrar els nostres familiars. Això és trencador, duríssim, i als que ho han hagut de patir els costarà posar els sentiments a lloc.

Nous símbols

Ets memòria, ets enyor,
ets la llum de ma infantesa,
una flama sempre encesa,
i un passat abraçador,
que agombola ma ninesa
de llosella i salabror.

Sílvia Pons Seguí,
«Mon pare et fou faroler»

Costa imaginar-nos algú vestit de dol a Instagram. La tristesa i la mort no tenen gaire espai a les xarxes socials. Tot i que, amb paraules, emoticones i imatges, les xarxes socials mostrin afecte i proximitat, em pregunto si els sentiments més sincers no queden amagats sota una parafernàlia teatral i exhibicionista. Si tot plegat no es converteix en un escut, un camuflatge que sovint dissimula l'autenticitat humana. Vinga emoticones de cors i abraçades. El més curiós, però, és que aquest ús i abús de carones expressives no s'estén a les relacions de carn i ossos. Són realitats paral·leles. Una mateixa relació pot prendre una forma o una altra depenent de si la comunicació és telemàtica o presencial.

Però el dol s'està obrint pas, a poc a poc, a les xarxes. Tinc la sensació que, tímidament, comença a haver-hi un canvi. Les xarxes estan servint per fer d'altaveu d'una defunció o compartir un condol. Això ho veiem a Instagram. Els usuaris, en dies assenyalats, recorden amb un text emotiu i una fotografia el familiar que ha mort. Aquesta plataforma també serveix per anunciar defuncions i permet a amics i coneguts fer un comentari talment com si fos un llibre de condolences.

A Twitter, que és el territori de les converses crispades i els comentaris destructius, cada cop hi ha més usuaris que fan servir aquesta plataforma per compartir com viuen dia a dia, per exemple, el tractament de quimioteràpia i fins i tot hi pengen la seva foto al llit de l'hospital.

Persones que normalment piulen per opinar de política, de cop aturen les màquines per manifestar que els ha deixat algú estimat. O usuaris que cada cert temps recorden que avui fa anys que van perdre una persona propera. La xarxa fins i tot ha ressuscitat escriptores i escriptors i les seves obres, com per exemple Mercè Rodoreda, Joan Salvat-Papasseit o Montserrat Roig, entre molts d'altres. Tot plegat s'ha d'entendre com una manera moderna de fer permanent la seva lectura, però també de recordar els que ja no hi són o fer presents els que ja no escriuen, com Josep Maria Espinàs.

Rodona com una o

Thanks for the dance
It was hell, it was swell
It was fun
Thanks for all the dances[3]

LEONARD COHEN,
«Thanks for the Dance»

La mort és capritxosa.

Un dia em sona el mòbil. És el meu germà. «La Núria acaba de morir», em diu amb veu plorosa. La Núria és la nostra cosina germana. Al cap d'una estona, quan encara no m'he recuperat del xoc, m'arriba una última hora del 3/24. Quan llegeixo el titular em cau el món a sobre. «Mor una dona de 70 anys quan feia el camí de ronda a tocar de Portlligat. La víctima s'ha precipitat accidentalment per un penya-segat, prop de la platja de s'Alqueria, des d'una altura de deu metres». És just el que m'acabava d'explicar el meu germà, en Daniel.

3. Gràcies pel ball / Ha estat un infern, ha estat meravellós / Ha estat divertit / Gràcies per cada ball.

La Núria era una d'aquestes persones que no parava. La lluita per les llibertats, la música, l'ensenyament i la poesia van marcar la seva vida. Era molt coneguda a Mataró i la seva mort va sacsejar la ciutat. Ella i el marit, en Víctor, havien complert amb les mil i una restriccions que ens havien imposat durant tota la pandèmia de la covid. Era el primer cap de setmana que es podia sortir sense restriccions de la comarca i havien aprofitat per marxar a l'Empordà. Tots dos estaven preparant un recorregut pel camí de ronda amb la il·lusió que l'endemà hi pujaven fills, parelles i nets. En Víctor i la Núria han estat, de sempre, uns enamorats del país, i volien tocar mar amb tota la família. Feia un sol espectacular, però a les deu del matí tot es va aturar. Uns minuts abans de la tragèdia havien enviat un vídeo d'uns trenta segons encara no. En Víctor feia una panoràmica de la zona, amb una mar planíssima i un cel blau que feia delir. El vídeo acabava amb una Núria feliç i somrient asseguda en una roca dient: «Bon dia. És una preciositat, tot això». Just després de gravar aquestes imatges, la Núria patinava i desapareixia davant la desesperació d'en Víctor, que no va poder fer res per salvar-la.

Els fills i família van pujar a l'Empordà en un viatge que se'ls va fer etern. Calia reconèixer el cadàver i respondre les preguntes incòmodes de la policia; tothom ha de fer la seva feina.

L'endemà al vespre em van citar a la casa que la família té a Mataró. Em van demanar d'oficiar l'enterrament. No vaig poder dir que no —ni tampoc volia dir-ho—, però el cert és que, quan treballes a la tele, els altres es pensen que les paraules et sortiran amb més facilitat. Poca gent s'imagina que això no és ben bé així, quan es tracta de persones que estimes.

Vaig preparar un text per llegir a l'inici del funeral, just després que sonés «He mirat aquesta terra», d'en Raimon cantant Espriu. Després, el meu paper va consistir a anar donant la paraula als amics i familiars. L'acte va acabar amb la projecció d'aquell vídeo de trenta segons. Era l'última imatge d'una Núria brillant i pletòrica.

Jo tenia ganes d'explicar que la Núria havia repetit infinitat de vegades que quan arribés l'hora no volia ser una càrrega per a la família. Li feia pànic una malaltia llarga, no volia patir. Precisament era una defensora del testament vital. L'explicava a tothom perquè creia que era important, imprescindible, que tots el féssim en vida. Va celebrar la Llei de l'eutanàsia com la que més.

Estic convençut, i va ser el que vaig intentar transmetre amb el màxim respecte possible, que la seva mort havia estat gairebé poètica. Malgrat la tragèdia, marxava en un dels moments més dolços de la pròpia vida, sense fer soroll i intentant no molestar ningú. Potser, encara que em costi de dir, si li haguessin deixat triar la seva mort, aquesta hauria estat una de les escollides. Arribava en un moment de fortalesa vital, en un dia feliç, a la terra que estimava. El dolor, veure com la família l'hauria hagut de cuidar un dia rere l'altre per culpa d'una malaltia llarga, li hauria resultat insuportable. És un pensament que fa mal d'expressar en veu alta, però és ben cert que no en tenim mai prou. Volem que la mort es comporti sempre com nosaltres ho tenim establert; o, millor encara, que no vingui mai. I això és impossible. Per si de cas, la Núria més previsora ho va tenir en compte, malgrat que la mort se la va emportar més aviat del previst.

La poesia i la Núria anaven sempre lligades. Durant tot el confinament va enviar als grups de WhatsApp de confiança un poema cada dia. D'ella o d'un poeta reconegut. Vull pensar que si hagués pogut n'hauria fet un del seu propi comiat. A l'esquela hi havia un poema seu de feia uns anys, «Rodona com una O».

Avui ran de platja
he vist la teva pell
confondre's entre
guspires de plata.
He vist la lluna
espiant-nos i
amarant-nos d'amor
dins l'aigua argentada.

NÚRIA MASAFRETS
Port de la Selva, estiu de 1987

La figuera

Caic, a poc a poc me'n vaig,
la física em captiva i la gravetat m'inclina als
[teus peus.
Caic, al mateix temps desfaig
els nusos que regiren aquest fràgil equilibri meu.
Res no dura gaire.
Em moc, no soc d'enlloc,
d'aquest país d'aire.

GERARD QUINTANA, «Caic»

La Marta Prat conviu des de fa temps amb un càncer. No fa gaire, conversant amb ella sobre la mort, vaig rebre un regal. Som amics de la mateixa colla de fa molts anys i vam quedar a tocar del mar, a Barcelona. La Marta és petita, rossa i amb uns ulls que enamoren. És d'aquestes persones vitals que tot ho omplen encara que no digui gaires coses.

Nascuda a Mataró, va marxar de gran cap a Vilaür, a l'Alt Empordà. Allà hi va fer niu amb l'Arnald. No van trigar gaire a arribar l'Aran, la Núria i la Laia, un fill i dues filles que han omplert la casa situada al centre d'aquest petit poble. L'hort als afores s'ha convertit en un tresor per a la Marta. És una delícia sentir com et parla de tot el que hi planta i cull. La seva veu dolça ha canviat lleugerament l'accent mataroní per l'empordanès. Últimament m'envia vídeos des de l'hort. Allà hi ha la figuera que li vaig regalar. S'ha fet grossa, molt grossa. Quan l'hi vaig donar no feia ni dos pams. Jo l'havia fet créixer al balcó de casa a partir d'un petit esqueix fill de la figuera centenària i emblemàtica que hi havia al pati de l'escola on anàvem junts de petits, l'Enxaneta de Mataró. Als vídeos que m'envia m'explica com evolucionen totes dues, la figuera i ella. Sempre porta un mocador al cap; té un somriure que s'encomana. Després de dir ben fort bon dia, em fa una panoràmica de les seves tomaqueres i s'acosta al nostre arbre, la nostra figuera, perquè pugui veure de primera mà que està bé. Em diu: «La tramuntana la fa forta». Tots dos sabem que la figuera és una excusa per poder continuar estant ben a prop l'un de l'altra.

A més de l'hort, la Marta també té un ramat de cabres i tots els estris que calen per fer realitat el seu nou repte, fer formatges. Quan ens reunim amb els amics i els tastem, la veig feliç.

Fa dos anys la van ingressar al Clínic i el doctor va dir als seus tres fills i al marit que s'acomiadessin d'ella. Li quedaven poques hores. De moment, però, les profecies mèdiques sortosament no s'han complert i avui continua delicada, però contenta i amb els seus. Va trampejant amb molta voluntat la malaltia. El fet és que amb la Marta ja fa temps que havia apostat per fer-la riure i esquivar la conversa del dolor i la mort. De fet, em penso que vaig amagar la por darrere el nas de pallasso. Però el dia que passejàvem tots dos a pet d'ones a la Barceloneta, la Marta va treure el tema de la mort. Em va xocar la manera com afrontava la situació. Serenament, em va començar a exposar que, per alguns, quan el cos es mor tot desapareix. Per altres, el cos queda enterrat a la terra i l'ànima puja al cel. I per uns altres, la vida torna a renéixer en una altra forma, una papallona, un cabirol, un estel. Després de dir això, la Marta va sospirar i em va dir amb un somriure: «Jo no em crec res de tot això, però saps què? He decidit creure-m'ho tot per si de cas».

Quan els metges li van dir que estava a punt de morir, la notícia va córrer molt ràpid. Al cap de pocs dies, malgrat els pronòstics, ja tornava a ser a casa intentant fer vida normal com podia. Una vegada em va dir que quan anava a portar els nens a l'escola hi havia una mare que, així que la veia, es posava a plorar. Li passava dia sí i dia també. La dona afirmava entre sanglots que ella s'havia fet a la idea que era morta des del dia que li havien donat la notícia, i ara, quan la veia per allà, tenia un xoc i no podia deixar de bramar. La Marta es feia creus que hagués de ser ella la que havia de tranquil·litzar aquella dona. Quan m'ho explicava es petava de riure.

També em va parlar de la Gemma, una mare de l'escola que s'ha convertit en la seva amiga. La Gemma Polo fa vint anys que es dedica a acompanyar persones amb una malaltia terminal i que ja tenen la mort a prop. Les dues han hagut de mirar la mort cara a cara, cadascuna a la seva manera, i es troben per fer-ho juntes.

Com que la meva dèria és la mort, m'interessa molt conversar amb la Gemma. La Marta em passa el seu mòbil i no em costa gens concertar una trobada al cap de dues setmanes.

La Gemma viu a Camallera. Agafo el cotxe i cap a l'Alt Empordà. El viatge ja em serveix per començar a donar-hi voltes. És primavera. A banda i banda de la carretera tot són camps de colza en flor.

Quan hi arribo ja m'està esperant a la porta de casa seva. Ens saludem. És una d'aquelles persones que parlen amb els ulls. Els seus desprenen una barreja de passió i calma alhora. Enraona fluixet i a poc a poc. He arribat cinc minuts tard i em disculpo. Em respon que tot està bé. Això em tranquil·litza. La trobada serà llarga. Em fa entrar al seu jardí. Hi ha una taula amb mel, galetes fetes per ella i un termos per fer-nos te. N'hi ha de totes les varietats possibles; els ha portat dels seus viatges a l'Índia. Seiem i xerrem.

Des del primer moment coincidim que cal unir esforços per trencar el vel que tots posem a la mort.

La Gemma m'explica com acompanya cap a la mort. Em sorprèn sentir-li dir que, al contrari del que solem pensar, qui està a prop de la mort té moltes ganes de compartir amb els altres les seves reflexions, la por i també la pau. Però el problema és que hi ha un mur pervers de prejudicis que ho fa difícil i fins i tot ho impedeix. Diu que si la persona que està a punt de morir té por de treure el tema és només per no incomodar els altres. I els altres no gosen parlar de la mort per no fer passar un mal tràngol a la persona que està a punt de morir. La solució, esquivar el tema. No cal que intentem endevinar què vol i què pensa l'altre perquè ens equivocarem. Preguntem-l'hi obertament. Ella mateixa ha comprovat que aquesta situació es repeteix sovint. Un dels moments més transcendentals de la vida i resulta que tots fem mans i mànigues per dissimular i fer l'orni. «La meva feina —em va dir— és ajudar que puguem ser més atrevits i buscar el moment idoni per mirar de cara la mort. El resultat sempre em sorprèn». Tots dos creiem que aquest mirar la mort de cara allibera i ens fa estar a prop els uns dels altres.

Afirma molt categòrica que en tots els anys que fa que es dedica a això no ha trobat mai ningú que hagi rebutjat parlar del que sent sabent que la mort és a prop. Gràcies, Gemma, em penso que m'has dit sense embuts el que fa temps que volia sentir.

Si notem que les persones que estan encarant els seus últims dies volen parlar-ne, per què no ho fem?

Per altra banda, també estaria bé que tots plegats recordéssim que el dolor de qui acaba de perdre algú no acaba el dia del funeral. Fem-nos costat, més enllà de donar el condol.

No sabeu com valorem, els que hem perdut persones estimades, poder parlar dels que han mort i poder compartir el buit que sentim. Si hi ha algú que vol passar-ho en silenci i solitud ja ens ho farà saber.

Els núvols tapen el sol a Camallera; fa fresca. S'aixeca i agafa una manta que té plegada, i aprofita que està dreta per proposar-me que m'hi acosti. Em fa ajupir i m'ensenya el terra. Està ple de fulles seques, però també hi ha tímids brots de gespa que comencen a treure el nas. Amb una branca em marca un cercle i em demana que li digui amb què em quedo de tot el que hi ha dins. Evidentment, trio el brot més alt que veig. És molt verd. Em fa veure que he descartat tota la natura morta. Em mostra una fulla seca amb tots els nervis ben marcats. «No la trobes bonica, també?». Ho és, sí. M'explica allò que ens ensenyen a l'escola quan som petits però que de grans ja no recordem. El verd del camp, per créixer, ha necessitat tot l'adob que ha generat el que prèviament ha mort. És el cercle de la natura.

La primavera és fàcil, em diu. Tot esclata i als nostres ulls tot és bellesa. Per contra, a l'hivern sembla que no passi res, però és quan passa tot. Si estem més connectats amb la natura, també ho estem amb la mort. Passejar pel bosc i fixar-nos en com conviuen harmònicament la vida i la mort ens pot ajudar a calmar l'angoixa. Està ben convençuda que el tabú que generem envers la mort ens allunya de la vida. M'explica que la seva experiència l'ha fet arribar a la conclusió que qui té por de la mort també ha viscut amb por la vida. Prendre consciència de la mort, afirma, ens dona ales i ens fa lliures. Saber que a la llarga tot té un final fa que vivim cada segon intensament. Pensar en la mort és honrar i agrair la vida.

No m'estic de preguntar-li si tot això calma les persones

que estan morint. Imagino que l'angoixa ha de ser tan aclaparadora que no sé si és el moment de frases poètiques. Riu. No és poesia, és parlar del final que tenim davant del nas i acceptar-lo. Hem de saber que en el moment final de la nostra vida hi ha moltes preguntes que no tenen resposta. També ha vist que fer un repàs del que s'ha tingut la sort de viure i, si pot ser, fer net de temes pendents, és una font d'alliberament. Si la mort no ens arriba de sobte, és un luxe tenir temps per dir adeu. Ho hem d'aprofitar. Hi ha cultures que saben com fer-ho o que estan intentant trobar la manera. La Gemma m'explica que als Estats Units comença a posar-se de moda reunir-se per pintar la caixa del difunt, convidar grans i petits a transformar el taüt amb colors vius i frases boniques. Ves a saber si és influència de la immigració mexicana i dels països del sud. També, a Ghana, a l'Àfrica Occidental, són típics els taüts pintats on s'hi dibuixa la professió o les aficions del difunt. Aquí, a Catalunya i Europa, està arribant amb comptagotes. Encara estem molt lluny de tot això, però em penso que potser ens aniria bé acostar-nos a aquestes maneres de fer. Fins a cert punt, hem de deixar escrit com volem morir i com volem ser acomiadats.

«Tu deus ser com una deïtat per la gent que acompanyes, no?», li dic. Somriu. «No et pensis —em respon—. Soc una acompanyant mentre la mort ronda el malalt. Si el diagnòstic millora, s'allunyen de mi; potser perquè els recordo la mort inevitable i, com és lògic, el que tots volem és viure. Però ho entenc i crec que les converses que hem tingut ja no s'esborren». «I el teu dolor?», li pregunto llavors. «Plorar és bo», em diu sense recança. «Amb algunes de les persones que he acompanyat a morir s'ha travat una relació i, sí, m'entristeix la seva mort, com els passa als amics i familiars. Altres vegades, la majoria, no. Soc una mica com una metgessa, una infermera, que acompanya des del que ha après però que es protegeix perquè, si no, el dolor constant seria inaguantable». Sí, sí, però per dins no paro de pensar que la feina de la Gemma té una intensitat vital desgastadora. A diferència d'un metge, els seus pacients acaben morint, i és un no parar d'acumular pèrdues a granel. No deu ser gens fàcil.

Ens acomiadem. Marxo fent l'últim glop del te d'espècies i herbes aromàtiques que m'ha preparat. Em regala un llibre seu, *There is light and only light*. Per ara només hi ha l'edició en anglès. Em diu adeu a la porta de casa seva amb el mateix somriure que m'ha regalat durant tota la conversa.

Com que de la trobada amb la Gemma en surto trasbalsat i amb ganes de connectar amb els meus morts, busco amb el mòbil a Google el conte que el llibreter de la mítica llibreria Robafaves de Mataró, en Pep Duran, va llegir a l'enterrament de la meva mare. Recordo que aquell dia em va asserenar. És el conte tradicional anglès *Jack i la mort*. Aquí us en brindo aquesta humil adaptació:

En Pol era a la platja. Caminava enfadat, intentant contenir el plor, tot i que sentia molta ràbia. El vent bufava fort i la mar estava enfurismada. Feia només uns minuts que el metge de la seva mare havia marxat de casa. Abans, els havia donat a tots dos, mare i fill, la pitjor de les notícies. No hi havia res a fer, la mare s'estava morint. Ja feia temps que lluitava contra la mort. En algun moment fins i tot havia semblat que se'n sortiria. Però ara ja estava clar, només calia esperar.

En Pol no s'ho podia creure. Estava a punt de perdre el tresor més gran que tenia. Feia temps que vivien tots dos sols perquè el pare havia mort feia anys.

De cop i volta, va veure una silueta alta i prima que s'acostava lentament per la sorra. Portava una capa negra i la cara amagada sota la caputxa. Quan va arribar davant d'en Pol li va preguntar amb una veu punyent:

—Saps on és la masia de cal Ros, jovenet?

La masia de cal Ros era la casa on havia viscut tota la vida en Pol. De seguida es va adonar que aquella figura sense rostre era la mateixa Mort, que venia a buscar la seva mare.

—Qui vol saber-ho? —va preguntar en Pol per fer temps.

—La Mort —va respondre ella tota altiva.

—Bah! —va dir en Pol—. Molt graciosa. Et penses que em creuré que tu ets la Mort? Tens més pinta de ser una venedora ambulant que no pas la Mort.

La Mort es va ofendre molt per aquest comentari.

—No soc cap venedora —va replicar cridant—. Soc la Mort, i avui tinc molta feina. Faig tard i m'esperen. Series tan amable de dir-me on és la masia de cal Ros per tal de poder seguir el meu camí?

—Però tu de què vas? —va encarar-s'hi en Pol—. Et penses

que vaig néixer ahir, jo? Això no s'ho creu ningú. A mi em sembla que em vols prendre el pèl i que en portes alguna de cap, oi?

—Coi de mocós! —va esclatar, furiosa, la Mort—. T'estic dient que soc la Mort i necessito arribar ara mateix a aquesta masia. On carai és?

—Continuo sense creure-m'ho —va assegurar en Pol—. Si vols que t'ajudi, hauràs de demostrar-me que realment ets la Mort.

La Mort va respirar fondo i va intentar recordar els consells que li havia donat el metge per capejar l'estrès.

—D'acord, jovenet —va replicar amb extrema cortesia—. Què vols que faci per demostrar t'ho?

—A veure... —va pensar en veu alta en Pol—. Si realment fossis la Mort, podries tapar el cel sencer.

—Això és fàcil —va afirmar la Mort.

Es va començar a fer cada cop més grossa fins que ho va tapar absolutament tot. Tot d'una, semblava de nit.

—Ho veus? —va dir tota orgullosa mentre recuperava la mida d'abans i es tornava a fer de dia.

—Què vols que hagi vist? —va respondre en Pol—. S'ha fet fosc de cop i volta i no he pogut veure res. No, això no em val per res. Hauràs de fer alguna altra cosa. Mira, si fos veritat que ets la Mort, podries cridar tan fort que fins i tot les cingleres tremolarien.

I la Mort va fer un bram tan imponent que es van desprendre algunes roques de la cinglera més alta que hi havia a tocar de la platja. El crit va ser tan potent que fins i tot van sortir de l'aigua alguns peixos, espantats pel tremolor inusual que va fer el mar.

—D'això en dius cridar fort? —va mofar-se'n en Pol—. La meva mare, quan m'explica un conte abans d'anar a dormir, parla amb una veu més forta que no pas la teva. No, això no em val. Deixa'm pensar... Ah, ja ho sé! Ara sí que tinc la manera de comprovar si ets qui dius. —En Pol es va treure una ampolla de la butxaca, va desenroscar el tap i va dir—: Si és veritat que ets la Mort, segur que no et costarà gens ni mica entrar en aquesta ampolla, no? Perquè la mort pot entrar a qualsevol lloc, oi? Fins i tot traspassar portes tancades!

—He, he, he —va riure la mort—. Això és superfàcil.

I va començar a encongir-se cada cop més fins que va ser tan diminuta que va poder entrar a l'ampolla. Quan va ser a dins, en Pol hi va clavar el tap i el va enroscar amb totes les seves forces. Tenia la Mort ben atrapada. Tot xiulant, va marxar cap a casa.

Quan va arribar a cal Ros es va trobar a la seva mare dansant a la cuina.

—Fill, estic millor que mai. No em fa mal res! —li va dir—. Tinc ganes de saltar i ballar. Vull celebrar que m'ha fugit el dolor. Ves a la carnisseria a comprar embotits, que farem un bon esmorzar.

En Pol va marxar a comprar i, en arribar a la carnisseria, es va trobar el botiguer assegut a fora. Se'l veia molt abatut i capficat.

—Bon dia —va saludar en Pol—, em podria vendre embotits per a casa?

—Ja m'agradaria —va respondre el carnisser—, però tinc un problema ben gros. Porto tot el matí intentant matar el porc. Ho he intentat de totes les maneres possibles, i no hi ha manera. Faci el que faci, aquesta bèstia no es mor.

—No passa res —va dir en Pol—. Posi'm un pollastre.

—No, noi —va fer el botiguer—. Amb els pollastres em passa el mateix. No els puc tallar el coll ni amb el ganivet més gros i més esmolat que tinc.

—Carai.

—Mira, si vols, prova-ho tu —va proposar-li el botiguer mentre li posava a les mans el ganivet de matança. En Pol va anar cap al corral que hi havia darrere la botiga, va agafar el primer porc que va veure, li va clavar el ganivet amb totes les seves forces i el va obrir en canal. Però tan de pressa com s'havia obert, la ferida es va tornar a tancar. El porc va fugir esperitat cap al corral i va continuar menjant com si res.

En Pol va atrapar un pollastre i va intentar fer exactament el mateix que amb el porc, però en aquesta ocasió el ganivet va sortir disparat sense ni tan sols haver fregat l'animal.

En Pol va tornar tot pensatiu cap a casa amb la seva mare. En arribar va dir-li:

—Avui és un dia ben estrany, mare. El carnisser no ha pogut matar cap animal. No tenim ni embotit ni pollastre ni res de res.

—Quines coses tan estranyes —va respondre la mare—. És igual, no et preocupis. Ves a l'hort i cull unes verdures, que et faré una d'aquelles sopes que t'agraden tant.

En Pol va anar cap al sembrat i va intentar arrencar una pastanaga. Va estirar i, quan ja la tenia gairebé enfora, va ser talment com si la terra la xuclés. Va provar-ho amb una altra, i li va passar el mateix. I també amb les patates, les cols, les mongetes i els tomàquets. Res. No hi havia manera d'arrencar res de la branca ni de terra. En Pol no s'ho podia creure.

Va anar fins als arbres fruiters que hi havia a una banda de l'hort i va intentar aplegar les pomes i després les cireres, però res de res, impossible carregar el cistell.

Va tornar a casa i ho va explicar a la mare, que no s'ho podia creure. El va veure tan atabalat que li va dir que no es preocupés, que ja menjarien alguna cosa més tard.

Van anar passant els dies i tot va continuar igual. Res no es moria. No eren només en Pol i la seva mare, que començaven a passar gana, sinó tothom del voltant. A més, cada dia que passava hi havia més mosques emprenyadores, i a les nits els mosquits no deixaven viure la gent. No se n'havien vist mai tants.

—No sé pas on anirem a parar —va queixar-se la mare.

En Pol va abaixar el cap i la mare, que, com totes les mares, la sabia molt llarga, es va ensumar que el seu fill d'alguna manera estava relacionat amb aquell desgavell.

—Vols dir que no hi tens alguna cosa a veure, amb tot això que està passant, Pol? Què has fet?

El nen, avergonyit, es va treure l'ampolla de la butxaca.

—Mare, em vaig trobar la Mort que venia a buscar-te i la vaig voler atrapar.

—Fill meu! —va fer ella mentre l'abraçava—. Ets un bon

noi, ara has de fer un pas important i alliberar la Mort. Tot ha de seguir el seu curs.

—Ja ho sé, mare —va murmurar en Pol.

El noi va fer un petó molt tendre a la seva mare i va tornar cap a la platja molt compungit. Un cop allà es va asseure a la sorra i va posar l'ampolla al seu costat. Sabia que l'havia d'obrir, que havia d'alliberar la Mort, però també les conseqüències que això portaria. Després de plorar molta estona, va agafar l'ampolla, va desenroscar el tap i la Mort va sortir disparada.

Un cop va haver recuperat la seva mida normal, la Mort va dir amb veu suau:

—Segurament ara ja has entès que jo no soc l'enemiga de la vida, sinó la seva companya. L'una no existiria sense l'altra. La vida i jo som les dues cares de la mateixa moneda i ens necessitem mútuament.

—Sí —va admetre en Pol—. Ara ho entenc. Cal Ros està just darrere d'aquell petit turó.

—Gràcies —va dir la Mort—. Tornaré a veure't algun altre dia, Pol.

—Ja ho sé.

La Mort es va allunyar i va desaparèixer darrere el turó. En Pol es va quedar assegut una estona a la sorra plorant desconsoladament. Després, va tornar caminant a poc a poc cap a casa seva. La mare estava asseguda al seu balancí amb una expressió serena al rostre. La Mort l'havia vingut a buscar.

Jugar amb el mot «mort»

Dolça besada, té gust de que s'acaba,
punt i principi de viure sense tu.

ANTÒNIA FONT, «Viure sense tu»

Epicur deia: «No cal témer la mort. Quan nosaltres hi som, la mort no hi és. Quan la mort hi serà, nosaltres no hi serem».

Ja fa temps que penso que quan diem la paraula «mort» ens sembla que ens afeblim. És com si el seu significat ens omplís d'una càrrega dolorosa i fosca. Evitar-la ens fa creure que no hi és. És allò dels nens petits: si no et veig és que no existeixes. Si no et dic, mort, no hi ets. I per això em pregunto quantes paraules tenim per referir-nos a la mort. No fos cas que una altra d'alternativa ens fes menys por.

Amb ganes de fantasiejar, em proposo buscar una paraula diferent al mot «mort». Tinc clar que el problema no és de lèxic, sinó d'interpretació o de vivència cultural. Però vull jugar a aquest joc.

He escollit dos mestres de la paraula i les emocions per parlar-ne: en Màrius Serra i en Tortell Poltrona.

En Màrius Serra, l'escriptor i l'home que sap jugar amb les paraules com pocs, em cita en un bar que per ell té un significat molt especial: La Vitamínica, al passeig de Maragall, al barri d'Horta. Estem tranquils i amb un cafè al davant. No li he explicat el motiu de la trobada, però sé perfectament que el tema no l'espantarà. En Màrius és una persona que ha hagut de viure la mort d'un fill. La seva història el va portar a parlar-ne en un llibre, *Quiet*, amb una versió teatral que es va titular *Qui ets?* i va tenir molt d'èxit. El protagonista és el seu fill, en Lluís Serra Pablo, en Llullu, que va néixer amb una greu encefalopatia de la qual va morir quan només tenia nou anys.

Després del primer glop de cafè, ja situo la conversa i en Màrius riu. S'ho esperava tot, de mi. Menys que la cita d'avui havia de servir per parlar de la mort. Abans de xerrar de res, m'assenyala una rajola que tenim just a tocar dels peus. És una rajola escantonada, l'única que està trencada de tot el local, i em diu: «Som al millor lloc per parlar de la mort. Però ara digues tu, digues, que després t'explicaré què va passar just on som ara mateix». El misteri d'en Màrius, gran narrador, ja estava servit. Estava clar que ho volia deixar per més endavant.

«Màrius, si a la majoria ens costa tant normalitzar la mort, creus que podem trobar una solució per fer-ho més fàcil? Tenim alternatives lingüístiques lliures de prejudicis que puguin substituir el mot? Jo crec que la paraula "mort" ja està molt tocada i ferida».

«La mort, Espartac, és feta d'un silenci tan espès que no hi ha paraules que el trenquin. Sobretot quan parlem de la mort d'un ésser estimat. Més encara si ho fem des de la ferma convicció que els déus van ser creats per espantar les persones malvades i que, per tant, l'única vida real és aquesta. Per això em fa l'efecte que no té sentit buscar paraules noves per substituir les quatre lletres devastadores del mot "mort"».

A mi se m'escapa un «Uf!».

«Espera't —em diu—. Mira, recordo l'enyorat Emili Teixidor dient que la vida és una malaltia de transmissió sexual, mortal de necessitat. Probablement la mort sigui el fet humà que ens iguala de manera més radical i absoluta. Tots morirem. Tothom. Peti qui peti. En això sí que totes les persones som absolutament iguals.

»La nostra llengua, acostumada a viure sota l'amenaça constant de l'extinció, disposa d'un gavadal de sinònims que poden substituir la paraula "mort". Només al diccionari del gran Albert Jané ja hi trobem, per aquest ordre, "decés, defunció, òbit, traspàs, extinció, traspassament, expiració, trànsit, son etern i hora suprema". Alguns sembla que vulguin alleugerir-ne la gravetat, però te'ls brindo igualment per si et són d'alguna utilitat. La millor arma per vèncer la mort en vida és el record, i la millor manera de fer que els records siguin perdurables és mitjançant la paraula. És per això que, a banda d'inventar els déus, la humanitat també va inventar l'escriptura».

La veritat és que jo no m'imagino fent servir les paraules «expiració» o «hora suprema» en lloc de la curta i senzilla «mort». A més, tots dos estem d'acord que trobar una paraula nova seria una manera més de fer el que hem fet sempre amb la mort, intentar esquivar-la amb eufemismes.

Amb en Màrius queda aviat sentenciada la qüestió, i li pregunto directament pel misteri de la rajola. Per què una punyetera rajola feta malbé, que no he deixat de mirar en tota l'estona, és un gran lloc per parlar de la mort?

«Mira —em diu—, just aquí i en aquesta taula, va morir el meu fill. L'última imatge que tinc d'ell és la meva dona, la Mercè, amb en Llullu als braços, mort. Durant molt de temps no em vaig veure amb cor de tornar a entrar en aquest bar, però ara, amb el dol més serè, els propietaris em guarden cada matí aquest lloc per quan vinc a esmorzar. I la rajola és com una marca, una metàfora del lloc on tot es va esquerdar definitivament. Els amos del bar van canviar el terra fa poc, però conserven la nostra rajola perquè saben el que representa. Sovint penso que només pot morir qui ha viscut, i m'agrada posar en valor tot el que vam viure junts, fins i tot el lloc on va morir».

Un nas vermell a la mort

Hi ha una ràdio en blanc i negre
somiant ser tele en colors
també hi ha un quadre d'un bodegó
el temps li ha podrit els fruits
per cert, parlant de temps
hi ha un vell rellotge
sonarà la última hora,
serà tard o serà d'hora?

Albert Pla, «El Quarto dels Trastos»

Dies després em trobo amb el mestre de les emocions, el gran pallasso català, en Tortell Poltrona. Amb una mica d'esforç i amb el nas de pallasso ben col·locat, estic convençut que en Jaume m'ajudarà a entendre un parell de coses. La trobada és lluny de la ciutat. Hem posat una taula i dues cadires a la gespa, entre les carpes del circ. Som al temple del Circ Cric, a Sant Esteve de Palautordera, al Montseny. Amb en Jaume ens trobem poques setmanes després que hagi fet una actuació exprés davant de l'economista i activista social Arcadi Oliveres. L'Arcadi s'està morint, i ho està vivint amb una força i una energia revolucionàries. Si la vida ens dona temps per acomiadar-nos, quina millor manera de fer-ho que sense por i amb plena consciència?

Diagnosticat d'un càncer en estat avançat, és conscient que li queden pocs dies i ha decidit dir adeu en públic. Tothom qui ho vulgui li pot enviar un missatge a través del web missatges.arcadioliveres.cat. N'està rebent un fotimer. El títol del web és «Paraules per l'Arcadi». Hi ha un text que explica que té ganes de gaudir al màxim de la companyia de la família, amics, amigues i gent propera.

Entre els missatges es poden llegir comentaris d'exalumnes i persones a qui els van marcar les seves xerrades. Davant de casa seva, a Sant Cugat del Vallès, és un no parar d'actes espontanis: cartells amb paraules boniques enganxats a les parets del seu carrer, corals que canten mentre ell treu el cap sorprès i agraït de la visita... L'Arcadi vol un comiat ordenat, serè i lúcid. Sap que no serà fàcil marxar, però té clar que vol fer-ho acompanyat.

Entre totes les mostres d'amistat que ha rebut, hi ha també la d'en Tortell, que ha anat a casa seva a representar-li un fragment del seu espectacle *Grimègies*, estrenat el 2011, que parla precisament de la mort.

Parlem del llegat que ens deixa l'Arcadi i de la sort de tenir temps per poder acomiadar-te d'aquells que estimes. Vaig directe al gra i li dic que el nom del seu espectacle, *Grimègies*, és un eufemisme per no dir «mort». Que el que havia fet era buscar-li una paraula més atractiva, que cridés més l'atenció. Ell m'explica que volia titular-lo *Trom* —«mort» al revés—, però després va saber de la paraula «grimègies», inventada pel pintor Isidre Nonell a finals del segle XIX o principis del XX. Una paraula que ve a significar disbauxa, també gatzara.

En Jaume em diu que aquest espectacle és l'únic que ha fet i que farà en què no va tenir en compte el públic, només va pensar en ell. Sempre treballa les seves creacions des de les emocions i, aquesta vegada, assegura, va fer-ho amb el cap. Tenia ganes de reflexionar sobre el cicle de la vida, com naixem i com arribem a la mort. Volia explicar com el pallasso prepara animat el gran viatge, el seu traspàs. S'organitza, rumia i fa front als entrebancs. El riure, el plor i la crítica sobre quin planeta deixem als que arriben. Però es va trobar que generava massa dubtes als més petits. «Era un espectacle agressiu, incomodava. I mira que vaig intentar fer-lo amable», puntualitza.

Sigui com sigui, el monòleg a l'inici d'aquest espectacle és una delícia. Jo sempre he vist en Jaume representar aquesta obra amb la cara pintada. Però el dia que va visitar l'Arcadi Oliveres al jardí de casa seva no anava pintat, i l'Arcadi l'escoltava assegut en una cadira i envoltat de la seva família. Silenci, que comença!

> Hooola, hooola, hola! Soc aquí, soc aquí. Soc aquí perquè he arribat i he arribat aquí perquè he vingut. I he vingut aquí perquè estic content. No, content no, content no, estic feliç, i feliç amb totes les lletres, amb la F, amb la E, la L, amb la I i... *crash!* La ce trencada de feliç. Me'n vaig de viatge! Surto de seguida, així és que no tinc gaire temps. Resulta que m'han

trucat i m'han dit: «Prepara't que surts ja, i no et preocupis, que per aquest viatge no necessites res. Te'n vas amb el que portes posat». Que bèstia! «Només t'emportaràs allò que realment deixes, i és un viatge tan impactant que no tornaràs mai més».

«Òndia, tu, perdoneu, eh? Però, on m'ha tocat aquest viatge tan important que no tornaré mai més? Catxundena! Disculpeu-me, però és que aquest regal m'ha arribat sense haver comprat cap número!».

Doncs mira, m'han respost dient-me que els números els tenia tots de naixement, perquè resulta que quan neixes ja tens tots els números de la sort i que, més d'hora o més tard, et toca el viatge. Vosaltres ho sabíeu? Jo noooooo! Tota la vida pensant a viatjar, i resulta que el viatge més llarg i més important de la meva vida va i m'arriba de sèrie. I jo he dit: «Home, una cosa així m'hauríeu d'haver avisat amb temps, no? Perquè si resulta que aquell dia no soc a casa i no me n'assabento, què passa?». I m'han dit que no, que no cal patir, que te n'assabentes siguis on siguis; que ells et busquen i et troben, i quan t'arriba l'hora te'n vas i punt. Quines coses més rares, no? Jo us ho dic perquè crec que aquestes coses s'han de saber, oi? Ah, i que ningú se senti ni trist ni discriminat per raons de raça o gènere, eh? Que m'han dit i m'han avisat que vosaltres, tots, absolutament tots, també teniu tots els números de la sort i més d'hora o més tard us tocarà aquest gran viatge. Així doncs, vinga, que hem d'estar molt contents! Viatge, viatge, vinga, que tots tenim un viatge llarg a un lloc sorpresa!

Quina meravella! Saber parlar de la mort amb un somriure als llavis. Li pregunto si amb l'Arcadi Oliveres és la primera vegada que representa aquest fragment davant d'una persona que està a les portes de la mort i em contesta que ja l'ha fet en molts funerals, o sigui, davant dels familiars, dels amics i del mort. Però mai davant de la persona que està a punt de morir.

Avui en Jaume està diferent. Normalment fa broma, explica acudits i se'n riu de tot, però avui no. El veig molt reflexiu i emprenyat.

Li proposo que busquem una definició de la mort i em contesta ràpidament que és la pèrdua de la pròpia consciència. I afegeix que el capitalisme ens ha ensenyat a ser conscients que quan morim ho perdem tot, tot allò material. I, és clar, el capitalisme és tenir-ho tot: les cases, els cotxes, el consum maltís... Morir vol dir deixar de ser capitalista. I riu. Tot el que ha inventat l'ésser humà, ho ha inventat perquè no accepta la finitud de la vida.

«T'espanta la mort, Jaume?». «No, gens. La mort no em fa por, perquè genera vida. El que em fa por i m'emprenya és que no sapiguem respectar la vida. Hi ha milers de nens que moren de gana, milers! Cada dia. Molts més que els morts pels virus que arriben i els que han de venir». En Jaume fa una pausa i aparta els ulls. «Tu m'has portat fins aquí —em diu— i m'has fet connectar amb la injustícia que vivim, en què ens creiem amb el dret de pensar-nos que la nostra vida val més que la dels altres». Calla un moment, rumia i després m'explica que quan pensa en la mort no l'atemoreix la seva pròpia mort.

«Em fa mal recordar una de les missions amb Pallassos Sense Fronteres a Colòmbia —em diu—. Vam treballar al municipi d'Apartadó, a la zona d'Urabá. Allà vam coincidir en moltes ocasions amb uns nens i nenes que malvivien en una plaça propera al lloc on fèiem nit. Ens van acompanyar mentre vam ser allà. Amb els dies els vam comprar menjar, sabates, roba... Algunes coses que ens van semblar essencials, en definitiva. Els vam agafar estima i els vam mig apadrinar. Érem conscients que no salvàvem el món, però en aquell moment vam actuar d'aquesta manera. Potser perquè vam topar amb la desgràcia davant dels morros. Quan ja havíem enllestit la feina i estàvem a punt de marxar, aquells nens van aparèixer esquarterats i tirats just davant del nostre hotel. Aquell record em persegueix. Una merda!».

«Però quin n'era el motiu?», li pregunto.

«La guerra i els conflictes, en general. No hi ha gaires explicacions, no calen gaires perquès. La vida val molt poc, en aquests llocs. Es mata perquè els humans som un desastre, és així. Per coses com aquesta, penso que cada dia és l'últim. Estic connectat amb tot el que és essencial. Ara mateix, tinc una mica d'esperança en la lliçó que, teòricament, hem après de la covid. Vull pensar que tornarem a mirar-nos aquest món com es mereix. Veig gent que diu que connecta amb l'entorn com no ho havia fet mai.

»Un arbre, la muntanya, les onades, el mar, l'horitzó. Aturar-nos i observar el tresor i aprendre que la millor energia renovable és la que no es fa servir. Menys cotxes elèctrics i més transport públic gratuït. El capitalisme ha criminalitzat aquesta manera de pensar, i ara, o ens proposem el canvi radical, o aquest planeta tindrà les hores comptades. Estem en un moment en què hem d'entendre que la natura no és nostra, la natura no té propietari. Nosaltres som natura, la cultura és natura i nosaltres som cultura, bona o dolenta, ho som».

«Jaume, una pregunta: creus que cal buscar una nova paraula per substituir el mot "mort"?».

«De cap manera! Això és el que han fet històricament les persones a través de les religions. La mort és mort i defineix a la perfecció el final. Res continua, ens han enganyat per esquivar aquest final i fer-nos submisos com rucs. "Mort", acceptem-la i punt».

Mentre l'escolto penso que com més visc i més parlo de la mort més connectat em sento amb la vida. Encara que soni naïf, donar voltes a la mort m'activa un amor incondicional cap a tot el que m'envolta, les petites coses. Saber que cada gest, moviment o acció podria ser l'últim et fa escurar qualsevol gota de vida, per petita que sigui.

Toca tancar el circ i la meva dèria per substituir la paraula «mort». Definitivament, el meu joc acabava aquí. Ens abracem i pujo al cotxe.

Quan ja marxo, com per art de màgia, en Tortell apareix a la finestra del copilot i amb el nas de pallasso em diu: «En Charlie Brown va dir a l'Snoopy: un dia ens morirem. I l'Snoopy va contestar: cert, però els altres dies no!».

I així he anat fent camí. Per sort he après dels bons mestres que m'han acompanyat durant tots aquests anys, i quan m'he endut alguna bufetada també m'ha servit per continuar aprenent i entenent. I així vas creixent i t'enganxes als temes que més t'apassionen, i un d'aquests és ella, la mort. Confies que vivint-la arribaràs a entendre-la per complet. De vegades fins i tot m'he cregut que la coneixia molt bé, que la tenia dominada. Havia viscut tants finals de persones estimades, n'havia llegit tantes coses, n'havia après tant viatjant, enraonant i escoltant... No t'imagines mai que aquest riu, que per fi torna a baixar tranquil, en qualsevol moment et pot arrossegar de nou amb ràbia aigües avall.

EPÍLEG

Riu avall

La mainada corre com si s'acabés el món, el primer que arriba, el primer que caça el capgròs. Cadascú amb la seva galleda. Una galleda plena d'aigua, això és imprescindible per mantenir hipnòticament vius els petits mutants. «Ja el tinc, he guanyat!». És la Noa, la més gran. Aconseguir el primer capgròs de la temporada és un èxit. De lluny l'Adrià, el més petit, s'ho mira. I encara una mica més enllà, hi ha la Clàudia. A ella l'aigua i el projecte de granota l'espanten. La Laila i la Lia remouen sense parar l'aigua fredíssima per provar sort, però no hi ha manera.

Què tenen aquests animals que fascinen els més petits de totes les generacions? Avui el riu de Sant Llorenç baixa força ple, tot i que l'aigua no arriba ni al genoll dels més petits. Se sent el motor d'un cotxe. És l'Arnald i ve amb els seus fills: la Núria, la Laia i l'Aran. Això vol dir més competència al riu. Així que baixa del cotxe ve cap a nosaltres i ens diu que la Marta, la meva estimada amiga de la figuera, s'està morint. Ens deixa els seus nens, i al càmping comença un estiu que costarà d'oblidar.

Ja fa anys que ho fem. Passem per Figueres, agafem el trencant direcció Darnius, voregem Maçanet de Cabrenys, esmorzem a Tapis i seguim fins a arribar a Sant Llorenç de Cerdans, a la Catalunya Nord. És el camí que fem amb la colla quan arriba el dia 1 d'agost. Fugim de la calor i plantem el nostre camp base en un càmping petit i auster, d'ombres generoses i, per sort, poc concorregut.

Quan vaig donar per tancada l'època d'esplai, vaig prometre que mai més dormiria a terra, damunt una màrfega atrotinada i anxovat en una tenda on ja no hi cabia ni una agulla. Però ja se sap: quan hi ha criatures fas tot allò que deies que no faries mai.

Les vacances aquí tenen un protocol establert, tot i que no estigui escrit enlloc. No cal. Fem un cercle de tendes al voltant d'un om immens. Cada família té clar quina és la seva parcel·la. Aquest any som menys. Un seguit de contratemps han fet que aquesta vegada només siguem la Ruiz amb la seva filla, la Laila; la Tina amb la Noa i la Lia; i nosaltres, l'Anna, la Clàudia, l'Adrià i jo. I a partir d'ara també s'hi afegeixen els tres fills de la Marta i l'Arnald.

Mentre iniciem la sempre complicada missió d'ajuntar quatre pals, clavar desenes de piquetes a terra i posar una tela al damunt per fer-te creure que ja tens una segona residència, els petits s'escapen al riu per caçar capgrossos. Aquesta activitat els tindrà entretinguts cada jornada durant els quinze dies que serem aquí. L'objectiu és alliberar-los cada vespre després de sopar. Les criatures s'acosten al riu amb el frontal al cap il·luminant-ho tot menys allà on toca, criden una, dues i tres, i les pobres bèsties surten disparades riu avall. I així un vespre rere un altre.

Aquest any ja era d'esperar que la Marta no vindria. Malgrat això, hem volgut plantar igualment la seva tenda immensa, per si, com ha acabat passant, els petits havien de pujar. Quin mal fa veure-la sense la Marta entrant i sortint. Ara tot just un any enrere, va arribar carregada amb llet de les seves cabres i ens va ensenyar a fer formatge en una taula plena de canalla. Era feliç fent tots els preparatius. Omplia tant, la seva mirada!

Com que volem que la seva tenda tingui vida, a partir d'ara cada nit tots els petits dormiran allà per acompanyar els fills de la Marta.

Avui, però, silenciosament, els grans ens organitzarem per fer relleus i anar baixant durant els propers dies a Vilaür. Volem fer costat a l'Arnald i acomiadar-nos de la Marta. Mentrestant haurem d'intentar fer-nos els forts i simular que som joves monitors d'esplai carregats d'energia, com si tot anés bé.

La Laia, la filla més petita de la Marta, és la primera que, sense venir a tomb, deixa anar davant de tot el grup que la seva mare s'està morint. Ho diu amb un somriure i amb la innocència d'una nena de sis anys que d'aquí a pocs dies perdrà un dels seus pilars. La Núria, la filla del mig, de vuit anys, és reservada i tot ho porta per dins. I l'Aran, que en té onze, està trist i és conscient de tot, però ho dissimula xutant amb força la pilota.

Al càmping estem tot el dia parant i desparant taula, talment com si fóssim els propietaris d'una fonda. Als peus de l'om hi posem els fogons i una mena de rebost on hi ha tot el menjar. A una banda de l'arbre, a la branca més forta, hi penjem una tira de bombetes d'aquelles que fan caliu, i a l'altre costat hi lliguem una hamaca que sempre està ocupada. Entre àpat i àpat juguem i ens inventem històries per fer més especials aquests dies. Però als vespres hi ha un moment que arriba el silenci i els grans respirem tranquil·litat. Els petits dormen. És el nostre moment, el de les converses i els riures, però aquest estiu tots estem regirats. Cada un viu a la seva manera la tristesa, i es palpa perfectament el neguit que tenim tots de no saber si aquest serà el final definitiu de la Marta o remuntarà, com ara fa dos anys.

Aquestes últimes setmanes la Marta ha esgarrapat la vida amb una força admirable. Malgrat que les cames i el cos fluixejaven, va voler baixar fins a Mataró, a la Granja Caralt. Li venia de gust tornar a tastar el gelat de vainilla, que és únic, i devorar les croquetes inigualables que hi fan; un clàssic a la ciutat. Va anar a veure espectacles, va pujar a Montserrat, i tenia pendent d'anar a les Canàries, a la Palma, just quan faltava un mes perquè esclatés el volcà de Cumbre Vieja.

Jo no m'he mort mai, però m'imagino que quan ensumes que tot s'acaba et falten hores per fer-ho tot.

Avui em toca a mi anar a Vilaür. Baixo amb neguit, un punt de por i també de ràbia perquè no vull que la Marta es mori. A l'arribar, em trobo l'Arnald esperant-me entremig de totes les plantes de mil colors que tenen a l'entrada de casa. Ens abracem i em diu que això s'acaba. Surten dues infermeres del servei de PADES, somriuen i aconsellen al meu amic que amb un cotó fluix li vagi humitejant els llavis. Sentir allò m'acaba d'ensorrar. L'Arnald em convida a entrar a l'habitació per ferli companyia. Està guapíssima, em diu.

M'hi acosto i em deixo caure en una cadira de fusta antiga. Li agafo la mà amb més tendresa que mai i amb l'altra mà li acarono el cap. Començo a entonar «Esos ojos negros» de Duncan Dhu. Fa pocs dies ella em va enviar un àudio cantant aquesta cançó. Mentre taral·lejo em llisquen les llàgrimes galtes avall.

Al cap de pocs dies, la matinada del dia 7 d'agost, l'Arnald ens envia un missatge per dir-nos que la Marta s'ha mort i que puja al càmping on som nosaltres per dir-ho personalment als seus fills. A mig matí, entra amb els tres fills a la seva tenda i parlen durant molta estona. Segur que ha sabut fer-ho de la millor manera. Aquest home porta la pau a dins. Surten abraçats i l'Arnald ens demana que l'ajudem amb la cerimònia de comiat. Triem les músiques, pensem en els parlaments i on se celebrarà el funeral. Marxa, s'emporta els nens i quedem l'endemà a primera hora per muntar-ho tot.

No serà fàcil encarar la nit. Amb tot, s'ha esmorteït una mica el neguit i l'angoixa d'aquests dies; saber que la Marta ja descansa sense dolor ens asserena.

L'endemà, ben aviat, baixem tots a l'Empordà. L'acte serà a les sis de la tarda. Vilaür està ple de cotxes per totes bandes. Davant la casa, un munt de gent. Abraçades, molta tristesa i moltíssimes flors que arriben des del Maresme amb aquelles galledes taronges típiques del Mercat de la Flor de Vilassar. Són per omplir tot l'espai del funeral. Hi ha moltes gerberes, petúnies i un munt de gira-sols; les flors preferides de la Marta.

És una mort dura, però el que es respira entre tots els que ens hem trobat allà per fer-nos costat és molta serenitat. Som conscients que en els últims mesos la Marta havia pres consciència que ja no formaria part de la plaça de la vida i havia volgut acomiadar-se de tot i de tothom. Deia amb dolor que era una putada marxar just ara. I és que la vida no s'atura, i ha de fer tant de mal deixar-la quan més te l'estimes!

Entre tots hem preparat l'espai des d'on li direm adeu. Un munt de bales de palla fan un cercle ben gran. Al mig hi ha un petit altar fet amb flors i, al damunt, la caixa de fusta amb les seves cendres. A cada racó hi ha flors i una olivera immensa presideix l'espai de l'escenari. L'Arnald m'ha demanat que posi ordre als parlaments i a totes les actuacions que hi haurà a la cerimònia. D'això, a la tele, en diem «escaletar» un programa. Sembla fred, el comentari, però el cert és que als funerals tens un públic assegut que espera que tot succeeixi en un ordre, talment com si fossin en un teatre.

Comença el funeral. La predisposició de tothom fa possible que tot el que es diu i s'escolta s'acosti una mica a la màgia. El germà de la Marta, en Marc, músic professional, ha portat uns amics seus que toquen alguna peça entre parlament i parlament. Un dels músics és el gran Toti Soler, que tanca l'acte amb la cançó «Petita festa».

Totes les paraules que es diuen traspuen ràbia, però també amor. Es palpa molt de dolor i molta tristesa. Tota l'estona sura una pregunta: per què a ella? Però seria injust parlar de la Marta i recordar la seva vida només amb aquestes paraules.

La Marta va mirar de cara el dolor i va intentar fer-se amiga de la mort. «És un secret, però, si vols saber com és possible entendre una mica la mort, ves a la muntanya i allà trobaràs la resposta». Així m'ho va dir ella.

La feina que havia fet aquells últims anys era una lliçó que ens hauria de servir per seguir caminant. Havia esgarrapat cada segon de vida amb una força increïble. La malaltia l'aturava, i ella esperava pacient que es despistés per sortir a buscar mar, camps, circ, concerts i fins i tot a ballar un rap que sonava en un supermercat. Com reia i feia girar la cadira de rodes...

Però la Marta sabia —i entenia— que els humans no en tenim mai prou i que cal saber frenar els somnis.

Els altres seguíem vivint i ella no es posava mai a la boca un retret per fer-nos veure la sort que teníem davant les seves limitacions. Al contrari, t'animava a gaudir al màxim de tot allò que li explicaves i t'omplia de missatges l'endemà per saber si t'ho havies passat bé. I això és una lliçó, així és com hauríem d'aprendre a viure, despresos d'amargor i de tanta tonteria. «Tot està bé», deia ella. Crec que, fins i tot ara que ja no hi era, entre llàgrimes, ens hauria dit «Tot està bé».

Havia mossegat la vida fins allà on havia pogut. Fins que la natura li havia dit que ara calia descansar, que ja està, que fins aquí hem arribat. Uns pensaran que ha patit, els altres diran que era massa jove; i uns altres, que la vida és injusta. I segurament tot és veritat, però la Marta mereix que a partir del dia que va morir tots portem tot allò que ens ha regalat ben guardat en un racó del cor.

Poca gent pot acomiadar-se com ho va fer ella. Poca gent sap oferir tant en tan poc temps; pocs poden dir com ella que la vida ha estat justa perquè totes dues, la Marta i la vida, s'han aprofitat al màxim.

A l'acabar l'acte, tothom es va aixecar de la cadira i els músics van començar a tocar demanant que la gent els seguís. Com si fos una cercavila, van anar tocant fins a arribar a l'hort de la Marta. Un cop allà vam ballar, vam riure i la vam recordar en l'espai on ella havia estat feliç. Era negra nit, molt tard, i la música sonava i sonava. Entre els peus dels músics, que no paraven de marcar el ritme, una caixa petita de fusta amb unes flors dibuixades reposava al terra de sorra. Vaig estar una bona estona molt quiet, mirant-la. Dins d'aquella caixa hi havia tot el que quedava de la Marta. Ens convertim en res.

I quin munt de res anem acumulant! De la mare, del pare, de l'Eliseu, de la Marta i de tants d'altres de qui ja no queda res, però que m'ho han deixat tot.

I just aquí defalleixo i trontolla el que suposadament he après.

Després de tantes morts de gent que estimo, intentant

aprendre la lliçó, continuo sense entendre res. Fa anys que busco la llicenciatura o el màster de la mort. Creia, ingènuament, que la reincidència em serviria per fer-me fort, però no. I és que cada cop que algú que estimo es mor, l'abisme torna a començar. Cada mort és un nou dolor que em perfora. I em fa por que el farcell de tantes pèrdues m'acabi estabornint.

Ara m'adono, quan rellegeixo aquestes ratlles, que no puc ni he d'evitar la incomprensió o la ràbia que torno a sentir per la mort de la Marta. Perquè cap mort és mestra de la següent. Sempre comencem gairebé de zero.

El dolor hi és, però aprens a acceptar-lo, a deixar-lo fer. Si és veritat allò que es diu, que quan un dels nostres mor, morim també una mica nosaltres, també és cert que amb cada mort aprenem a estimar més la vida. Potser la mort també va d'això.

El dia que la mort se m'acosti —si és que tinc l'oportunitat de veure-la venir—, ves a saber si tot el que he viscut i el que em queda per viure em servirà per fer-hi front amb serenitat. És el que voldria.

Fa quatre mesos que la Marta es va morir. Tinc gairebé enllestit el llibre i l'Arnald fa dies que em diu que té moltes ganes de llegir-lo. És una excusa boníssima per trucar-li i quedar. Fa dies que penso a pujar a Vilaür. Tot i que encara no el dono per acabat, em fa il·lusió que sigui ell el primer de llegir-lo. Pactem un dia i vaig a veure'l. Fa fresca i l'estiu ja queda lluny.

A l'arribar em rep com sempre, amb aquell somriure tan seu. Li dic que tinc ganes de tornar a l'hort de la Marta. Li vull donar el manuscrit allà.

Comencem a caminar pels prats, fa sol i el camp sembla que es prepara per afrontar l'hivern. Un cop a l'hort, els records es fan vius: la bassa plena d'aigua i de verdet, la caravana vella, plantada de per vida en un racó, i la nova piscineta de pedra de la qual tant presumia la Marta. N'estava encantada. Agafo una cadira de plàstic i li demano si us plau a l'Arnald que segui a llegir. Em venen ganes d'allunyar-me i me'n vaig a fer de pagès una estona. Conec molt bé el terreny, i no serà la primera vegada que el treballo. Passaran hores fins que tornem a parlar. Les canyes de les tomaqueres ja estan envoltades de fulles seques. Ara el que brilla a l'hort són les cols, els espinacs, la remolatxa, la coliflor i les pastanagues. Si li agrada el que he escrit, potser em regalarà una bona caixa de verdures, fantasiejo. I, si no, també. Sento les cabres de lluny i m'acosto a donar-los el dinar. És migdia i deuen tenir els mateixos horaris que nosaltres. A tocar hi tinc un munt de carabasses. M'ajupo a treure les males herbes. Un hort dona molta feina. Em queixo per dins i, quan ho tinc tot fet, agafo el rasclet i netejo els vorals perquè l'aigua hi circuli. Fa molta estona que feinejo i l'esquena ho comença a notar. De reüll veig que l'Arnald té pràcticament enllestit el llibre. Potser li queden deu pàgines.

Mare meva, la figuera! Fins ara no l'havia vist. Ja no té aquelles fulles verdes, fortes i aspres i no hi ha cap figa, però està preciosa. La nostra figuera, Marta. Vull regar-la, però la mànega és massa curta. Omplo una galleda a vessar i la carrego cap allà. Just quan estic a punt d'abocar l'aigua, l'Arnald ve cap a mi i m'abraça. Jo no li puc tornar l'abraçada perquè vaig carregat. O potser la intensitat del moment m'aclapara massa i no sé gaire què fer. Ens separem, però estem més units que mai. Buido la galleda al peu de la figuera i em quedo palplantat davant seu amb la galleda a la mà. Com quan era petit i feia pastetes davant del nínxol 301 amb el meu pare. Amb l'Arnald no ens diem res. Ens estrenyem molt fort la mà. Li passo l'altra mà per darrere el coll i ens mirem als ulls, callats. I sabem, tots dos, que «tot està bé».

Hem estat el que vosaltres sou i sereu el que nosaltres som.

Inscripció de benvinguda a l'entrada del cementiri de Guissona, a la Segarra.

Pots escoltar les cançons del llibre a l'enllaç següent: